OBSERVATIONS

DU

DOCTEUR VILLETTE,

EX-CHIRURGIEN EN CHEF D'HÔPITAUX CIVIL ET MILITAIRE,
INSPECTEUR-GÉNÉRAL DES HÔPITAUX
DES ARMÉES DE RHIN-ET-MOSELLE, ETC., ETC.

Ces observations prouvent combien la goutte est dangereuse, et sous combien de formes cachées cette cruelle maladie se présente en donnant lieu à des accidens les plus graves, ce qui rend cet opuscule utile non seulement aux goutteux et aux rhumatisés, mais encore aux personnes âgées.

Je vais rapporter exactement les faits tels qu'ils se sont passés depuis le 3 octobre 1830 jusqu'au 25 août 1832, lesquels sont marqués au coin de la *vérité*, et prouveront combien la conduite de M. *Charles de Charrin* est indigne d'un homme de son rang et de sa fortune, ce qu'il a corroboré à l'audience de M. le juge de paix le 15 novembre 1831, par ses allégations fausses (voy. pag. 32, 33 et 34, *et la lettre ci-après*).

Le 3 octobre 1830 je reçois, le matin à onze heures, une lettre de Saint-... conçue en ces termes :

« *M. de Charrin* ayant été subitement atteint d'une attaque d'apoplexie » qui a paralysé tout le côté gauche, dans cette triste situation il désire voir » *M. Villette*, et le prie de se rendre le plus tôt possible auprès de lui. »

J'ai reçu la lettre le 3 à onze heures. Quoique bien malade et souffrant, je quittai mon lit, et à deux heures j'étais auprès du malade, *de la santé duquel j'avais soin depuis 1805.*—J'ai continué de voir M. de Charrin jusqu'au 25 octobre 1830. Il est *mort* quatorze mois après ma dernière visite.

PREMIÈRE VISITE

du dimanche 3 octobre 1830.

A mon arrivée auprès du malade, il était environ deux heures, je demandai le docteur ***, qui était le médecin ordinaire de la maison. La femme de chambre me répondit qu'elle avait pris le premier *venu*. Je fus étonné de cette réponse, *parce qu'elle me parut louche.* En attendant le nouveau médecin, je fis plusieurs questions au malade, à la garde-malade; et la femme de chambre m'apprit qu'il y avait quatre jours que M. de Charrin, immédiatement après avoir déjeuné avec des pommes de terre et du thé, avait été frappé d'apoplexie. D'après ce rapport, je pris connaissance de l'état exact de toutes les *parties du corps du malade*, auquel je trouvai la figure très pâle, la langue légèrement contournée, ainsi que la bouche, une assez grande difficulté d'articuler, l'œil éteint, le pouls petit, la poitrine en bon état, le ventre légèrement tendu, mais sans douleur; ensuite je me fis présenter le vase de nuit. Je trouvai les urines épaisses, et ressemblant à de la gélatine délayée dans très peu d'eau, ainsi que de la craie et de la chaux, précipitées au fond du vase. Je ne considérai point ce symptôme comme désavantageux, puisque j'en connaissais la cause, attendu que chez les goutteux confirnés, comme M. de Charrin, l'urine de cette nature n'est point à redouter ; elle peut même être considérée comme une crise salutaire , si on ne fait rien qui puisse la troubler.

Le médecin arriva au moment où je faisais cette inspection ; je lui fis voir et observer , ainsi qu'aux trois personnes présentes, l'état des urines, en faisant voir que cette grande viscosité pourrait bien déterminer une rétention. Ensuite, ayant fait étendre le malade sur son lit pour visiter le côté gauche paralysé , je découvris que ce même côté était en outre *atrophié*, mais particulièrement la cuisse et la jambe, chose à laquelle le jeune *médecin* n'avait pas fait attention avant moi, ce que je lui fis voir, ainsi qu'à la garde-malade, la femme de chambre et le valet de chambre ; ils se sont *regardés* comme paraissant très étonnés d'entendre ce que je venais de *dire*, accident qu'il était cependant de la plus grande importance de connaître, tant pour les moyens que l'on devait employer dans cette complication grave de la maladie, comme friction alcoolique, etc., que pour être à même de porter un jugement certain sur l'état de M. de Charrin.

D'après la position peu rassurante du malade, je me retirai dans une chambre voisine avec le médecin pour conférer avec lui sur les *moyens* qu'il avait employés, et nous entendre sur ceux que nous administrerions de suite. Il me dit qu'il avait saigné le malade, posé des sangsues, des vésicatoires, des sinapismes , fait prendre de l'eau de poulet, et du petit-lait clarifié, où il avait fait ajouter du sirop de gomme et de l'émétique qu'il avait supprimé ce matin. — Tout est très bien, lui dis-je, *jusqu'à ce jour;* mais, monsieur, nous resterions *en route* si nous nous en tenions là , par les raisons que je vais vous déduire. Attendu 1° que la maladie est compliquée de l'*hémiplégie ;* 2° de l'*atrophie;* 3° de la *goutte ;* 4° de *nodosités ;* 5° de *la faiblesse des voies urinaires;* attendu que le malade rendait souvent des urines glaireuses et laiteuses, ce qui me prouvait depuis long-temps une légère altération des reins et de la vessie; aussi, avais-je conseillé au malade de boire souvent à ses repas de la tisane de chiendent, coupée avec un tiers de bon vin rouge, et prendre de l'exercice le plus possible à pied ; 6° le *mauvais état de l'estomac* depuis long-temps avait nécessité impérieusement l'usage constant de *ma liqueur anti-arthritique;* 7° de l'*hérédité de la goutte ;* toutes ces causes aggravent considérablement la maladie, et chez M. *de Charrin* tous les accidens dont il est frappé aujourd'hui sont les effets de la goutte; 8° le malade est âgé de soixante-dix-neuf ans, *grave complication*, ce qui ne peut nous donner que l'espoir de prolonger son existence, et pour y parvenir, nous devons employer de suite les moyens les plus à notre portée et les plus urgens, en attendant que nous puissions faire mieux, et ce *mieux* nous ne pourrons l'obtenir qu'en faisant transporter le malade à Tivoli, comme il en a grandement le désir. Mais en attendant cette exécution , *je propose :*

1° Que vous fassiez demain un séton à la nuque, où vous placerez seulement une petite mèche de dix à douze brins de coton, qu'il faudra oindre de suppuratif pour adoucir les pansemens et déterminer une plus grande suppuration, ayant bien l'attention de couvrir les deux petites plaies d'un emplâtre de diapalme, ce qui empêchera la mèche de sécher, et rendra les pansemens infiniment moins douloureux, attendu que le malade doit porter ce séton toute sa vie.

2° De faire soir et matin des frictions composées comme ci-après : Prenez alkool camphré huit onces, où l'on ajoutera alkali volatil un gros, et on mettra une once de ce liniment dans une soucoupe. Ensuite y tremper un petit linge avec lequel on frottera soir et matin le côté atrophié, mais particulièrement la colonne vertébrale, depuis la nuque jusques et y compris le sacrum; toutes ces parties seront ensuite brossées avec une brosse douce, pendant huit à dix minutes, puis enveloppées avec de la flanelle bien chaude.

3° Pour donner une plus grande fluidité *aux urines*, dont la viscosité peut compliquer gravement la maladie, je propose l'usage d'une potion *diurétique :*

Prenez eau de laitue distillée, de fleur-d'orange, de chaque une once, où l'on ajoutera : sirop des cinq racines, deux onces, esprit de nitre dulcifié, deux gros ; à prendre, de quatre en quatre heures, par cuillerées à bouche.

4° Je propose d'édulcorer le petit-lait avec du sirop de violettes, au lieu de sirop de gomme, parce que celui de violettes est plus agréable et rend la digestion beaucoup plus facile.

5° Continuer exactement l'usage de l'eau de poulet, comme l'a conseillé le médecin ; seulement supprimer l'émétique.

A CETTE PREMIÈRE visite, le médecin accepta et approuva toutes mes propositions et mes observations ; je le chargeai de surveiller l'exécution de nos prescriptions, et en faisant au médecin la récapitulation des remèdes à employer, il me dit en parlant du *liniment :* — On peut y ajouter de la *teinture de cantharides,* je lui répondis : Monsieur, il faut bien s'en garder, attendu la viscosité des urines, mais particulièrement parce que M. de Charrin a les voies urinaires très faibles. Le médecin approuva mon observation, en ajoutant : vous, *monsieur,* qui avez soin de la santé de M. *de Charrin depuis plus de vingt-cinq ans,* vous devez mieux le connaître que moi, qui ne le vois que depuis *quatre jours.*

APRÈS NOUS ÊTRE bien entendus et expliqués, tant sur l'état de M. de Charrin que sur les moyens à employer de suite, nous rentrâmes dans la chambre du malade, où il me répéta plusieurs fois : Je veux aller demain à Tivoli, je lui répondis : Monsieur, vous n'irez à Tivoli que dans quatre à cinq jours, parce que demain monsieur vous posera un séton à la nuque, pour empêcher les humeurs de se porter sur le cerveau ; puis, pendant ce temps vous prendrez plus de force pour soutenir le voyage ; M. votre neveu sera auprès de vous, qui choisira votre appartement, et vous accompagnera ; ce que le malade accepta sans aucune répl que. Ensuite je le saluai, en le prévenant, ainsi que le médecin, et toutes les domestiques de la maison, que je viendrais sans manquer mercredi de midi à une heure.

La femme de chambre, en m'accompagnant, me demanda si on ferait bientôt transporter son maître à Tivoli ; je lui répondis : On ne peut rien faire que M. son neveu ne soit arrivé. Cette demande de la part de la femme de chambre me convainquit que le transport de son maître à Tivoli n'était pas de son goût, ce que le temps a confirmé *par son impertinence* (v. p. 15 et 16).

De tous les faits que je viens de rapporter à cette première visite, aucun ne peut être nié par les PERSONNES QUI ÉTAIENT PRÉSENTES.

DEUXIÈME VISITE

du mercredi 6 octobre.

A mon arrivée, à une heure, j'appris que M. de Charrin avait été attaqué d'une rétention d'urine, vingt-quatre heures après l'avoir quitté, et qu'il avait déjà été sondé plusieurs fois ; le malade avait une légère douleur de tête, avec plus de fièvre qu'à ma première visite ; le ventre était tendu et douloureux, les fomentations émollientes avaient été employées ainsi que les lavemens, auxquels je fis ajouter trente grains de sel de nitre. Le malade me dit qu'il éprouvait de fortes douleurs dans les reins, que je visitai ; M. de Charrin nommait les reins, la région du sacrum, où il y avait un petit point rouge, large comme une pièce de dix sous ; je m'aperçus que ce qui avait déterminé cette douleur, était un bourrelet sur lequel il avait les fesses posées, et le bourrelet portait sur le sacrum ; je conseillai de le supprimer. Le médecin arriva dans ce moment, et je lui fis observer que, non seulement le bourrelet déterminait la douleur sur le sacrum, mais qu'il pouvait entretenir la rétention, parce que les cuisses étaient pour ainsi dire pliées sur le ventre ; ensuite je demandai à la garde-malade si elle faisait régulièrement prendre de six en six heures la potion que j'avais conseillée à ma visite du 3. A sa manière embarrassée de me répondre, je lui dis : Apportez-moi la potion. Je fus tout étonné de voir qu'il n'en manquait au plus que deux cuillerées; je lui dis : Combien avez-vous fait faire de fois cette potion? elle me répondit : Monsieur, c'est toujours la première. Tandis qu'on devait la renouveler de vingt-quatre à trente heures. Je grondai la garde-malade, en lui disant que nous l'avions cependant chargée d'en faire prendre une cuillerée à bouche de quatre en quatre heures, attendu la viscosité des urines, ce qu'elle me promit d'exécuter à l'avenir.

Après m'être bien expliqué avec le jeune médecin sur l'état de notre malade, je l'engageai de surveiller l'exécution de nos prescriptions; ensuite nous nous quittâmes, et je le prévins, ainsi que M. de Charrin, que je viendrais, sans manquer, le 9, à la même heure qu'aujourd'hui, et que j'espérais trouver M. son neveu.

Aucuns des faits que je viens d'annoncer dans cette visite, ne peuvent également être révoqués.

TROISIÈME VISITE

du samedi 9 octobre.

A mon arrivée, à une heure, j'appris que M. *de Charrin* avait été toute la nuit dans un état de délire; je lui trouvai la figure enflammée, le pouls agité. Comme depuis trente-six heures on avait laissé la sonde dans la vessie, j'avais pensé au premier moment que cet état d'agitation avait pour cause la sonde dans la vessie. Après avoir fait plusieurs questions au malade, je lui touchai le ventre, qui était plus douloureux qu'à ma deuxième visite; il se plaignait encore de la douleur des reins, en ajoutant que les douleurs étaient même plus fortes qu'à ma dernière visite. D'après ce récit, je visitai encore la partie du sacrum, où je trouvai l'inflammation plus étendue avec une légère excoriation. Ensuite je voulus voir la manière dont la sonde était placée, pour me mettre à même de juger si l'urine pouvait sortir librement par la position qu'on avait donnée à la sonde; je fis observer à la garde-malade, à la femme de chambre et au valet de chambre que le bourrelet aggravait encore l'état du malade, en ce qu'il faisait trop plier les cuisses sur le ventre, et qu'il fallait comprimer fortement la sonde pour faire sortir l'urine (ce que les personnes que je viens de citer ne peuvent nier); ce qui déterminait encore des douleurs dans les momens où l'on voulait évacuer les urines, que je trouvai un peu moins épaisses, mais rougeâtres. J'insistai sur la continuation des fomentations émollientes qu'avait conseillées le médecin. Je prescrivis de remplacer les lavemens par l'eau magnésienne, attendu que la sonde était dans la vessie, ce qui rendait les lavemens plus difficiles, et j'insistai particulièrement sur le régime, l'eau de poulet, le petit-lait et la potion. Voyant que le *médecin* n'arrivait pas, quoique je l'eusse envoyé chercher par le petit domestique, après être resté plus de deux heures auprès de M. *de Charrin*, je partis, en le prévenant que je reviendrais le 12, de midi à une heure, et je chargeai les domestiques de prévenir le médecin de l'heure à laquelle j'arriverais le mardi. Aucun des faits que je rapporte dans cette visite ne peut être nié que par la mauvaise foi, ce que je suis très éloigné de penser.

QUATRIÈME VISITE

du mardi 12 octobre.

La première que je fis en présence de M. *Charles de Charrin, héritier du malade.*

En attendant le médecin, que j'avais envoyé chercher par le petit domestique immédiatement après mon arrivée, je prenais des détails et m'informais si on avait exécuté ponctuellement les conseils que j'avais donnés antécédemment. Après avoir examiné la langue, l'état du pouls, du ventre, etc., le malade me dit que son *séton* le faisait bien souffrir, et que la douleur s'était accrue depuis le matin, parce qu'on avait changé la mèche, ce qui me surprit beaucoup, parce qu'on ne devait la changer que tous les trente à quarante jours, et qu'il n'y en avait que six que le séton était fait. Cette plainte de la part du malade me fit demander à voir le *séton*, et je reconnus sans peine que les douleurs qu'éprouvait le malade venaient de ce qu'on avait fait l'ouverture du séton beaucoup plus large que je ne l'avais conseillé;

Et de ce que la mèche était en toile et au moins une fois plus large que ne devait être celle faite en dix ou douze brins de coton; et que cette mèche avait été mise sans être garnie de suppuratif dans les pansemens;

Et que les deux petites plaies du séton n'étaient pas recouvertes d'emplâtre, défaut d'attention qui a aggravé les douleurs du malade dans le pansement, par la non-exécution de mes conseils (voy. pag. 2).

Comme j'avais prévenu que le malade devait conserver toute sa vie le séton, et que j'en avais donné les raisons, il pouvait résulter que, les douleurs étant trop grandes, le malade eût demandé avec instance la suppression du séton, ce qui lui aurait encore été nuisible.

Je demande à M. l'héritier si le fait que je rapporte, relativement au séton, n'est pas de la plus grande exactitude.

2° Les douleurs ne faisant que s'accroître sur le sacrum, M. *de Charrin* en étant fortement tourmenté, je ne pus m'empêcher de lui répondre : Monsieur, dès ma seconde visite j'ai recommandé de ne plus mettre ce bourrelet qui était trop dur, ce qui a déterminé la plaie que vous avez aujourd'hui sur le sacrum; et, d'un autre côté, ce bourrelet vous donne une position gênante qui ne vous convient pas, particulièrement à cause de votre rétention. Ayant témoigné mon mécontentement de l'entêtement que l'on mettait à conserver ce bourrelet, la femme de chambre me répondit : Monsieur, *celui d'aujourd'hui est tout neuf;* ce qui ne m'empêcha pas de le faire supprimer de suite en présence du médecin, et de M. *l'héritier, auquel je demande s'il peut nier le fait.*

3° Le malade se plaignant des douleurs qu'il éprouvait dans le pansement des deux vésicatoires, je demandai à les voir; je ne pus également m'empêcher de témoigner mon mécontentement de la manière dont le jeune médecin les avait posés, sans avoir eu la précaution de faire *raser* les places où il les avait mis, ce qui augmentait encore les douleurs du malade, soit pendant l'effet du vésicatoire, soit au premier pansement, et ensuite à chacun des autres, *ce qui quintuplait au moins les douleurs du malheureux malade; ce que je fis observer à M. l'héritier, fait qu'il ne peut nier, et je l'interpelle de se prononcer sur ce fait.*

4° Je visitai ensuite les plaies du talon et du sacrum, qui étaient assez grandes, lesquelles plaies ne pouvaient être entretenues que par la mauvaise position qu'on donnait au malade contre ma volonté, quoique j'eusse observé, à mes deux précédentes visites, que la position que l'on donnait avec le bourrelet forçait M. *de Charrin* à rester sur le dos, ce qui pouvait entretenir non seulement les plaies du sacrum et du talon, mais encore aggraver la rétention.

5° J'examinai également les urines avec la plus grande attention, comme je l'avais toujours fait à chacune de mes visites, où je recommandais chaque fois, à la garde-malade et à la femme de chambre, de bien me les conserver, parce qu'elles me servaient de boussole pour porter mon jugement sur l'état du malade.

6° Je fus tout étonné de voir M. *de Charrin* couché sur une chaise longue large d'environ 20 pouces; je puis affirmer que je n'en ai jamais vu d'aussi étroite; elle formait à sa partie moyenne un enfoncement, de sorte que les cuisses étaient un peu pliées sur le ventre, ce qui mettait le bassin comme dans un creux, surtout avec le bourrelet, ce qui comprimait considérablement la vessie avec les viscères du bas-ventre, cause qui pouvait seule déterminer la rétention, ou au moins l'entretenir long-temps, surtout d'après l'état visqueux des urines; parce que, d'après la forme de la chaise longue, le *malade* ne pouvait se retourner librement ni à droite, ni à gauche, ce qui

aggravait encore malheureusement son état de souffrance; *je dis plus,
M. de Charrin était, sans s'en douter, comme à la question.*

Après avoir prouvé péremptoirement au *malade*, à M. son *neveu* et au
médecin, que la mauvaise position qu'on avait donnée au malade jusqu'à ce
jour ne pouvait que lui avoir été funeste et lui être nuisible en la continuant,
en conséquence je fis faire de suite, en leur présence, le lit devant moi; le
malade voyait avec plaisir combien je prenais de soin pour parvenir à améliorer son état, par toutes mes discussions et mes justes observations à cette
visite du 12.

Le lit bien fait, j'y fis mettre le malade en l'engageant de se tenir le plus
possible sur le côté, ce qui lui serait infiniment plus favorable que sur le
dos, que, par ce moyen, la plaie du sacrum et *celle du talon* seraient
moins comprimées et plus promptement guéries; lesquelles plaies furent
pansées de suite par le *jeune* médecin.

L'intérêt que je portais au malade a été assez évidemment prouvé dans
cette visite. *Je demande à M. Charles de Charrin s'il oserait dire le contraire, et soutenir que de tous les faits que je viens de rapporter dans cette
visite, il y a une seule phrase et même un seul mot qui ne soient de la
plus grande exactitude.* Je demande également à monsieur l'*héritier*, et sur
sa parole d'honneur, si le *médecin* a montré de l'humeur d'entendre mes
justes observations sur les changemens que je venais de proposer, dans l'intention de diminuer un peu les douleurs de monsieur son oncle, puisque le
jeune médecin a aidé à faire le lit avec moi, et nous y avons mis le malade, qui avait l'air satisfait de nos attentions; et, lorsqu'il fut placé dans le
lit, je lui dis : Monsieur, si je n'étais pas convaincu que vous serez infiniment
mieux actuellement, soit pour les pansemens, etc. , etc., je vous ferais faire
un lit par M....., rue des Vieux-Augustins, semblable à celui que j'avais
fait préparer pour madame Nitot, place Vendôme, n° 15, à l'époque où je lui ai
raccommodé la rotule qu'elle s'était cassée. Par le moyen de ce lit, tous les
pansemens et toutes les fonctions se font plus facilement; et le malade me
répondit : Eh bien! il m'en faut faire préparer un. Sur ma réponse que ses
plaies seraient à peu près guéries avant que le lit ne fût en place, nous en
restâmes là. (*J'interpelle la parole d'honneur de M. l'héritier sur ce fait.*)

En quittant le *malade*, le *médecin* et l'*héritier*, je les prévins que je
*reviendrais le 16, de midi à une heure. Le jeune médecin me promit de s'y
trouver, et en effet il arriva à une heure.*

Observation. A ma visite du 12 octobre, comme on vient de le voir,
j'avais prouvé, à ce que je crois, à M. Charles de Charrin, d'une manière
non équivoque et bien péremptoire, mon zèle et mon attachement pour
M. son oncle, ce qui le détermina sans doute à venir me rendre une visite
le 14 octobre. Etant dans mon cabinet, il me demanda ce que je pensais de
la maladie de monsieur son oncle. Je ne peux vous cacher, monsieur, que
son état est très grave. *Je vais rapporter exactement ma conversation.*

D'après la demande de monsieur l'*héritier*, sur les moyens qu'avait employés
le *jeune* médecin, je lui dis: Il a fait, dans les trois jours qui ont précédé ma visite,
tout ce qui était convenable dans le moment urgent où se trouvait monsieur
votre oncle. Dès ma première visite, j'ai conseillé un séton à la nuque, ainsi
que des frictions alcooliques sur le côté atrophié et paralysé (voy. pag. 2 et 3).
Tout cela pouvait être fait à la campagne; mais je pense, monsieur, qu'il est
indispensable, pour parvenir à améliorer un peu l'état de M. votre oncle,
et prolonger son existence, de le faire transporter à Tivoli, comme il en avait
fortement la volonté à mes première et deuxième visites, puisqu'il avait chargé
madame de *Corny* de lui retenir un appartement. Il m'en avait également
chargé; mais je me suis aperçu, à ma troisième visite, que des personnes
intéressées avaient détourné monsieur votre oncle de ce sage projet. Je vais
vous prouver évidemment l'avantage qu'éprouvera monsieur votre oncle à

Tivoli (ou dans une maison semblable); *je dis plus*, cette maison est celle qu'il doit habiter tant qu'il sera malade :

1° *Parce que*, immédiatement après qu'il y sera transporté, on fera une consultation de plusieurs médecins les plus en réputation. Je proposerai M. *Fouquier* et M. *Souberbielle*. M. *l'héritier* m'objecta qu'il prendrait M. L..., *son ami*. Je serai également flatté, lui dis-je, de me trouver avec M. L..., que je ne connais que de réputation. MM. les consultans délibèreront sur les moyens qu'il faudra ajouter à ceux que nous avons employés; lesquels moyens seront variés suivant que l'état du malade l'exigera, comme douches, frictions électriques, galvanisme, etc., etc.; et M. L... étant votre ami, pourra venir voir tous les jours M. votre oncle. Pour moi, je n'assisterai qu'à la première consultation, pour bien expliquer à MM. les consultans tous les antécédens de la maladie et l'état présent de M. votre oncle; ma santé ne me permettrait pas de continuer à lui donner plus long-temps mes soins.

2° *Je pense* que Tivoli convient d'autant mieux à M. votre oncle, qu'il est homme du monde, étant très actif lorsqu'il était bien portant; il lui faut une société choisie qui ait de l'analogie avec son goût, et dans son état il faut beaucoup de distraction; attendu que les malades, dans sa position, ont toujours de la tendance à faire de tristes réflexions, ce que nous devons éviter.

3° Si M. votre oncle se trouvait réduit à rester seul avec ses *domestiques* et le peu de personnes qu'il verrait à la campagne, son état s'aggraverait considérablement, parce qu'il serait trop souvent vis-à-vis de lui-même. Pour se dissiper, il lirait les journaux, etc.; mangerait plus qu'il ne devrait, et serait souvent dans un état d'assoupissement dans le courant de la journée, et dormirait : trois causes qui dirigent le sang sur le cerveau, lesquelles causes peuvent faire reparaître l'apoplexie plus promptement.

4° Les personnes qui ont abusé de la faiblesse du cerveau de M. votre oncle pour s'emparer de son esprit, et de sa tête qui est déjà considérablement affaiblie par l'âge et la gravité de la maladie, auront donc un intérêt particulier d'éloigner toutes ses anciennes connaissances (*ce qui a été prouvé*, v. p. 28).

5° Si vous restiez auprès de M. votre oncle, il pourrait peut-être se dispenser d'aller à Tivoli (et encore ne serait-ce pas mon avis, d'après la rétention); mais vous, monsieur, vous allez partir dans huit à dix jours, M. votre oncle sera donc entre les mains de ses domestiques. Pensez qu'il a soixante-dix-neuf ans, qu'il a été frappé d'apoplexie, d'hémiplégie, d'atrophie, de rétention d'urine, dernier accident qui complique considérablement la maladie (v. p. 15 et 16); et qu'il n'a plus que les volontés des *personnes* qui l'entourent. Je ne les connais pas; mais, par malheur, *le temps n'est pas éloigné de voir tomber les masques de l'hypocrisie*.

6° Je suis parfaitement convaincu que le changement subit qu'éprouverait M. votre oncle d'être seul vis-à-vis de ses domestiques ou d'autres *personnes*, qui ne pourraient par leur langage que lui fatiguer la tête, qui est déjà dans un très grand état de faiblesse et de désorganisation, le disposerait à l'apoplexie. Ainsi, monsieur, voici toutes mes observations, que je crois justes. Tivoli convient à M. votre oncle, et je vous engage à l'y faire transporter le plus promptement possible par *mille* et une *raisons* que vous concevez comme moi. M. *l'héritier*, *après m'avoir bien laissé expliquer*, me répondit : Mon oncle ne veut plus aller à *Tivoli*, il a renoncé à ce projet : d'ailleurs, *il n'en aurait pas la force*. Je lui répondis : Monsieur, cette raison n'est pas valable; il me sera facile de vous en convaincre, si vous voulez me faire trouver avec M. L...., votre ami; mais je vous rappelle que M. votre oncle n'a plus de volontés à lui, il n'a que celles des personnes qui l'entourent et qui ont un intérêt particulier à le conserver à leur disposition. Ainsi, c'est *vous* que nous devons convaincre de l'avantage qu'aura M. votre oncle à Tivoli.

Ici, monsieur, *je suis l'avocat de M. votre oncle*, attendu que depuis plus de vingt-cinq ans je suis son *médecin et ami* : le malade ne connaissant pas son état, je dois et j'ai le droit, d'après la confiance constante qu'il avait en moi, tant qu'il a eu sa tête à lui, et d'après TOUS MES EXPOSÉS, je dois prendre ses intérêts comme s'il était mon père.

Ensuite je réitérai à M. *Charles de Charrin* : Vous êtes l'ami de M. L..., veuillez lui écrire de venir voir M. votre oncle ; vous m'indiquerez l'heure et le jour qu'il aura déterminés, et je me rendrai auprès de M. votre oncle. Je suis convaincu que M. L... le déterminera d'aller à Tivoli. Sur ma proposition, M. *l'héritier ne répondit rien ;* alors je n'insistai plus, parce que son silence m'avait convaincu qu'il était également d'avis que son oncle restât chez lui. Je réclame encore la parole d'honneur de M. *l'héritier*, et je lui demande s'il oserait soutenir que je ne lui ai pas demandé ce jour-là, 14 octobre, *qu'il engageât M. le docteur L... à venir voir M. son oncle à la campagne. J'attends sa réponse sur ce fait.* Je demande pourquoi M. *l'héritier* a-t-il attendu jusqu'au 25 octobre soir pour demander le *grand médecin,* son ami? (v. p. 16, 18 et 25.)

CINQUIÈME VISITE

du samedi 16 octobre.

1° A MON ARRIVÉE, je trouvai M. de Charrin dans un état au-delà de mes espérances, sans fièvre ; la figure était bonne, la langue légèrement saburrale et humide, les rebords frais, le ventre mollet et sans douleur, les urines claires approchant de la couleur citrine ; on aurait même pu tenter dès ce moment de supprimer la sonde, et ne la mettre qu'une fois par jour, parce que, chez M. de Charrin, la rétention ne venait que de ce que les urines étaient trop visqueuses et gélatineuses ; et comme aujourd'hui elles approchent de l'état naturel, je conseille d'essayer de supprimer la sonde ; je ne pouvais sur ce point rien prendre sur moi, attendu que je ne venais que tous les trois jours voir le malade, et qu'il fallait être présent pour bien juger. Cependant j'avais fait observer au *médecin* que le séjour trop long-temps continué de la sonde pourrait déterminer des accidens très graves (v. p. 15 et 16).

2° A ma troisième visite, j'avais recommandé, pour tenir le ventre libre et pour dispenser le malade des lavemens, de prendre tous les matins un verre d'eau magnésienne dont je lui avais conseillé l'usage à Tivoli, à l'époque où madame y était malade; le valet de chambre me répondit qu'il en prenait régulièrement depuis que je la lui avais ordonnée.

3° A ma visite du 12 j'avais prévenu M. de Charrin que je lui apporterais le 16 de chez son ancien pharmacien, rue Neuve-des-Petits-champs n° 77, un *vésicatoire anglais* pour lui poser à la partie latérale et supérieure de la jambe atrophiée; je lui fis voir avec ma main la place où il serait mis. Le malade connaissant tous les bons effets de cette espèce de vésicatoire volant, que l'on ne laisse sur la partie que huit à dix heures pour procurer seulement de la rougeur pour ranimer la partie paralysée, ma proposition parut lui être agréable.

4° Je lui apportai le 16 ce vésicatoire, et en le lui montrant, il me dit qu'il n'en voulait pas ; je n'insistai plus, mais je lui fis observer que ce petit vésicatoire, large comme une pièce de trois francs, ne resterait que huit à dix heures sur la partie, et que cette fois on aurait la précaution de *raser la place* où on le poserait, ce qui amortirait les douleurs de plus d'un *cinquième;* je n'eus pas de peine à m'apercevoir que sa volonté n'était pas la sienne, mais bien celle qu'on lui avait suggérée, puisque, quatre jours après mon refus du 16, le jeune médecin lui en a posé deux grands aux cuisses, comme je le prouve à ma visite du 23 (v. p. 13 et 15).

5° D'après le bon état de M. de Charrin, je prévins monsieur son neveu qu'il pourrait partir pour la Bourgogne dans quatre à cinq jours, comme il en avait le dessein, en l'assurant que tous les trois ou quatre jours, j'aurais l'honneur de lui rendre compte de l'état de monsieur son oncle; il me serra la *main*, en me disant, *je compte aussi beaucoup sur vous.* (D'après la manière dont venait de s'exprimer M. *Charles de Charrin*, et d'après tous les faits que je viens de rapporter dans ces *cinq observations*, lesquels sont péremptoires, je devais croire à la sincérité du langage de monsieur l'héritier, surtout d'après le zèle que je montrais pour contribuer à rétablir la santé de monsieur son oncle, et principalement à ma visite du 12, p. 4, 5 et 6.)

6° Le *médecin* arriva au moment où j'allais partir, je lui fis observer la grande amélioration du malade ; en lui disant : Vous pouvez actuellement, vu le bon état des urines, supprimer la sonde ; et si les urines ne prenaient pas leur cours, vous mettriez la sonde une ou deux fois le jour ; mais nous devons toujours porter la plus grande attention sur le régime, surtout d'après les causes de la maladie (voy. pag. 2).

Dans ce moment-ci, le malade ne doit encore que végéter, et si on voulait lui donner des forces par les alimens, on les lui ôterait, ou on lui occasionerait, par cette imprudence, des accidens très graves ; en quittant le malade, monsieur l'*héritier* et le jeune *médecin*, je les prévins que je reviendrais le 19, de midi à une heure.

7° J'ai toujours eu, à chacune de mes visites, l'attention de prévenir du jour et de l'heure de mon arrivée, ce que M. CHARLES DE CHARRIN *ne peut nier ; pas plus que tous les faits que je rapporte dans cette visite.* (*A moins que...*, voy. p. 16.)

SIXIÈME VISITE

du mercredi 19 octobre.

J'arrivai à midi, comme je l'avais promis le 16 ; je me flattais à cette visite de trouver M. de Charrin dans un état encore plus satisfaisant pour lui et pour moi, qu'à ma visite du 16, où j'avais dit à monsieur son neveu que certainement il pourrait partir dans cinq à six jours pour la Bourgogne, comme il en avait le désir, et en avait même prévenu monsieur son oncle ; mais j'étais bien éloigné de penser que l'on agirait totalement à l'opposé de mes conseils ; surtout le *neveu étant là, présent*, depuis ma visite du 12, et sachant que je recommandais particulièrement le régime. M. *Charles de Charrin* ne peut révoquer aucun des faits que je rapporte dans cette visite.

Ma surprise fut extrême de voir, à mon arrivée, M. *de Charrin*, comme dans un *lit de parade*, et dans une attitude semblable aux personnes qui ont de grandes visites à recevoir ; en effet, sa barbe était bien faite, son bonnet de nuit placé à la partie supérieure de la tête ; en un mot, tous les détails les plus minutieux, pour me porter à croire à la grande amélioration de son état; il n'y avait encore qu'une heure qu'il avait déjeûné comme une personne en bonne santé, ce que j'ai ignoré jusqu'à trois heures du soir (voy. page 11). *Je demande à M. Charles de Charrin, s'il oserait soutenir le contraire de ce que j'avance.*

La première parole que m'adressa le malade, fut de me dire : Cela va bien aujourd'hui. Je lui trouvai, la figure enflammée, une grande agitation dans les yeux, la peau brûlante, la langue brune et sèche, le pouls plein et très élevé, les hypocondres tendus, le ventre douloureux, les urines plus brunes et plus boueuses qu'à ma visite du 16 ; pendant que je palpais le malade, il me dit trois à quatre fois : CELA VA BIEN ! *cela va bien !...* Plus il me disait qu'il allait bien, plus il me prouvait le contraire.

Je devais penser, et je pensai, que tous les accidens survenus depuis ma visite du 16 n'avaient pour cause que la gravité de la maladie ; tout médecin aurait pensé comme moi, attendu que je recommandais à chacune de mes visites le plus grand régime ; je témoignais mon inquiétude à la garde-malade *qui travaillait* tranquillement à la couture à une croisée ; voyant qu'à mon arrivée elle ne s'était pas dérangée de son ouvrage, je lui dis : Je croyais que vous étiez ici garde-malade, elle me répondit, qu'elle l'*était aussi* ; je lui appris que dès l'instant que le médecin arrivait auprès du malade, la garde devait tout quitter pour être à même de répondre aux questions que lui ferait le médecin pour éviter de les faire au malade, ce qui est toujours fatigant pour lui. Je demande à la garde-malade, si le fait que je *rapporte* n'est pas de la plus grande exactitude. Cette vérité prouve combien l'intrigue a été employée dans cette circonstance (v. p. 15). Ensuite, je demandai à la femme de chambre si elle ne pouvait pas m'instruire sur les causes qui avaient déterminé si brusquement tous ces accidens; toutes deux me répondirent qu'elles l'ignoraient. Je m'adressai également à monsieur l'*héritier*, qui ne m'en apprit pas davantage jusqu'à plus de *trois heures*.

Alors je fis dire au médecin de venir de suite pour prendre de lui des renseignemens sur les causes de ces accidens, et en même temps pour employer de concert avec lui les moyens convenables pour empêcher les accidens de s'aggraver. Le petit domestique vint dire qu'il n'était pas chez lui (fait dont M. Charles de Charrin a également connaissance, puisqu'il était présent, *et par conséquent, il ne peut nier ce que j'avance*).

Désespérant de voir le médecin, et présumant que le mal était encore plus grand, puisque j'en ignorais la cause, même au moment où j'ai donné mes prescriptions, je *conseillai* 1° de faire préparer de suite chez le pharmacien de la gelée d'ichtyocolle, aromatisée avec l'écorce d'orange, et d'en faire prendre de temps en temps une cuillerée à café au malade;

2° D'ajouter au liniment que j'avais prescrit à ma première visite, *un gros d'extrait alcoolique de noix vomique*, sur chaque huit onces de ce liniment, pour être employé, soir et matin, de la même manière que je l'ai conseillé à ma première visite; j'engageai de faire ces frictions avec la plus grande exactitude, attendu qu'elles avaient pour but de ranimer les parties atrophiées et paralysées;

3° D'ajouter, par pinte, au petit-lait clarifié: sel sédatif d'Homberg, trente grains, et continuer toujours de l'édulcorer avec le sirop de violettes;

4° Une potion composée, comme ci-après:

Prenez eau de fleur d'orange et de muguet, de chaque, deux onces.

Sirop d'écorce d'orange, une once.

Liqueur minérale anodine d'Hoffman, cinquante gouttes.

Pour prendre de huit en huit heures par cuillerées à bouche.

5° Le bouillon de *poulet* remplacera celui de *veau*, ce dernier se digérant trop difficilement. Le bouillon de poulet doit être préparé comme nous en sommes convenus à ma première visite.

6° Mes prescriptions faites, je les portai dans la chambre où était *M. l'héritier* en lui faisant observer particulièrement l'addition de l'*extrait alcoolique au liniment*; lorsque je lui eus bien expliqué l'effet de chacun des remèdes, je fus mettre mes ordonnances sur la commode de la chambre du malade, en recommandant à la garde et à la femme de chambre de les faire exécuter le plus promptement possible; ce que l'on me promit. *M. l'héritier ne peut nier un seul mot de ce 6°, pas plus que des autres articles qui le précèdent.*

Depuis midi, moment de mon arrivée, malgré toutes mes questions, faites à la garde, à la femme de chambre, au valet de chambre, et même à M. Charles de Charrin, je ne pus découvrir la cause des accidens, il était plus de *trois heures*, j'étais au moment de partir; enfin, je témoignai mon inquiétude à M. *l'héritier* sur l'état alarmant où était M. son oncle; attendu que son état s'aggravait de plus en plus; alors il me dit: On a fait manger ce matin à mon oncle un *potage*, du *poulet*, de la *chicorée*, et boire du *vin de Bordeaux*. Sur cette réponse, je lui dis: *Monsieur, si vous m'eussiez fait cet aveu ce matin à mon arrivée, j'aurais été moins inquiet.* Alors je rentrai dans la chambre du malade, je lui trouvai la langue moins brune, moins sèche, mais la figure et les yeux plus enflammés qu'à mon arrivée, et la fièvre beaucoup plus forte, etc. Je revins auprès du neveu, et lui dis: M. votre oncle est dans un commencement de délire, je suis toujours très inquiet sur son état, parce que je ne trouve en lui aucun symptôme rassurant; la figure est toujours *enflammée*, les *yeux agités*, etc. En causant avec M. *l'héritier*, je lui dis : N'aurait-on pas fait manger à M. votre oncle pour son dessert des *pruneaux?* il me répondit que oui! Alors, monsieur, j'aime à me flatter que la couleur brune de la langue n'a pour cause que la teinture des pruneaux. Je rentrai encore dans la chambre du malade ; comme tous les symptômes n'avaient fait que s'accroître depuis le matin, à l'exception de la langue, qui était moins brune, je rendis compte à M. son *neveu*, auquel je dis : Je suis un peu rassuré sur la couleur brune de la langue, mais tous les autres symptômes ne font que s'accroître, ce qui me porte à penser qu'il y aura une crise prochaine. Ayant prévenu M. l'héritier que je reviendrais le 23, sans manquer, de midi à une heure, mais qu'il fallait que le médecin ne fît pas comme aujourd'hui, M. *Charles de Charrin* me promit de lui dire de ne pas manquer de se trouver le 23 à l'heure convenue.

Je partais, il était près de quatre heures. M. l'héritier me pria d'attendre cinq à six minutes, ce que je fis. En revenant il me dit : Monsieur, voici ce que mon oncle m'a chargé de vous remettre. Je refusai en disant que lorsque la maladie serait terminée, il me satisferait. Il m'objecta que cela n'empêcherait pas de continuer mes soins à M. son oncle, mais que cela le contrarierait si je n'acceptais pas (j'ignorais ce que contenait le petit rouleau : il y avait en or 200 fr.). Je n'insistai pas davantage, attendu que le malade était déjà dans un grand état d'agitation, et même dans un commencement de délire, puisque les accidens ont paru quatre à cinq heures après ma visite.

M. Charles de Charrin, après toutes mes explications sur l'état de M. son oncle, m'accompagna jusqu'à la porte cochère. Je le priai de faire avancer la *cuisinière*, parce que j'avais quelque chose à lui communiquer. Je lui dis : Vous ne devez plus faire de bouillon de *veau*, attendu qu'il ne convient pas au malade, et vous devez faire de l'eau de *poulet*, comme à ma première visite, ce qu'elle me promit. Ensuite j'ajoutai : Vous êtes bien bonne *cuisinière*, mais si l'on vous commande encore de faire de la cuisine pour votre *maître, vous devez la faire si mauvaise* qu'elle soit *immangeable*, parce que celle que vous lui avez *préparée aujourd'hui* étant trop bonne, peut lui coûter bien cher. Mon observat... fit *rire M. l'héritier*, ainsi que la *cuisinière. Je demande à l'un et à l'autre, si le fait que je rapporte n'est pas de la plus grande exactitude*, et s'ils *oseraient* prêter *serment* que les faits que je rapporte sont faux ; je les prie de me marquer de quelle manière ils s'y prendraient pour nier aucun des faits que je viens de relater dans cette VISITE du 19 octobre. (*A moins que...*, voy. pag. 16).

<h2 style="text-align:center">SEPTIÈME VISITE</h2>

du samedi 23 octobre.

Je ne fus pas étonné à mon arrivée, à ma visite du 23, de trouver M. *de Charrin* dans un état encore plus alarmant qu'à ma visite du 19, parce que, quatre à cinq heures après avoir quitté le malade, le *hoquet* avait paru avec tous les autres accidens, ce qui me donnait beaucoup d'inquiétude sur son état ; j'en prévins M. son neveu.

Pendant que j'examinais la figure et touchais le pouls du malade, il me dit : On m'a posé deux vésicatoires, mais, cette fois, *on a rasé la place où on les a mis* (voy. p. 5 et 8). Je trouvai M. de Charrin plus abattu, avec beaucoup plus de difficulté à respirer ; la langue seulement sèche ; elle n'était plus brune ; mais il y avait douleur de tête très forte, le ventre tendu, ainsi que les hypochondres, la peau sèche et brûlante, *les urines noirâtres*, en un mot, d'une couleur désespérante (ce qui m'avait fait recommander à la femme de chambre, en présence de M. l'héritier, de me les conserver (v. p. 14 et 15).

D'après cette cruelle position, la femme de chambre étant présente pendant que j'examinais le malade, je la tirai à part, et je lui dis : D'après ma manière de m'être expliqué le 19 sur l'état de votre maître, vous auriez dû m'envoyer chercher immédiatement après l'apparition du hoquet. Elle me répondit : *M. son neveu étant là, je n'avais rien à dire.* Quoique la réponse fût assez valable, elle ne faisait pas honneur à M. l'*héritier,* parce que ce défaut de prévoyance et d'intérêt pouvait devenir funeste au malade, comme les faits ci-après vont le prouver.

Le jeune *médecin* ayant été prévenu de se trouver le **23**, à une heure, auprès du malade, et l'ayant envoyé chercher deux fois par le petit domestique, après avoir attendu plus d'une heure sans le voir arriver, je prescrivis ce que je jugeai convenable d'après les indications urgentes, étant d'ailleurs convaincu que le *hoquet* n'avait pour cause que les mauvais sucs qui croupissaient dans l'estomac depuis le repas du 19, ce qui avait déterminé sur ce *viscère* une très grande irritation, et peut-être une légère inflammation occasionée par l'effet des *alimens* et du *vin de Bordeaux.* Après avoir bien réfléchi sur l'état du malade, *je pris* en grande considération pour donner mes prescriptions, 1° que la goutte était fixée sur l'*estomac,* où elle jouait son rôle dans l'effet du hoquet; 2° l'âge (soixante-dix-neuf ans); 3° les deux grands vésicatoires qui avaient été posés au malade peu de temps après l'apparition du hoquet; 4° qu'il n'y avait que vingt jours que M. de Charrin avait été frappé d'apoplexie immédiatement après avoir déjeûné avec des pommes de terre et du thé; 5° le mauvais état des voies urinaires; 6° les urines étant, à cette visite, brunâtres; 7° les mauvais sucs dans l'estomac, ainsi que sa faiblesse, etc. Toutes ces causes, sans y comprendre celles que je ne rapporte pas, me déterminèrent à conseiller le traitement simple ci-après:

1° De mettre de suite sur le creux de l'estomac un épithème thériacal. La femme de chambre me répondit que le médecin en avait fait appliquer un, qu'on n'avait pas renouvelé. Celui que je conseille aura cinq pouces de long et quatre de large; il sera *rendu calmant* avec vingt-cinq à trente gouttes de laudanum liquide de Sydenham; il *sera arrosé,* de vingt-quatre en vingt-quatre heures, et réappliqué de suite. Continuer ainsi jusqu'à la cessation du hoquet.

2° Une potion *anti-spasmodique,* composée comme ci-après:

Prenez eau de fleurs d'orange, de muguet, et sirop d'écorce d'orange, de chaque une once; liqueur minérale *anodine d'Hoffmann,* cinquante gouttes.

Pour une potion à prendre par cuillerée à bouche de six en six heures, jusqu'à ma visite du 25.

3° Prendre de six en six heures une pastille de *Darcet,* et les continuer jusqu'à nouvel avis, vu le mauvais état de l'estomac depuis le repas du 19.

4° *De supprimer les deux* grands vésicatoires de suite, et pour en amortir l'irritation, on appliquera, pendant deux jours seulement, sur chaque plaie, soir et matin, un cataplasme de farine de graine de lin; ensuite ils seront pansés avec du cérat ou du blanc-rhasis. Je prouvai à M. Charles de Charrin le danger de ces deux grands vésicatoires, attendu l'état de la vessie et des urines, etc. Le jeune médecin aurait dû, au contraire, employer les rubéfians, comme, par exemple, le topique acido-muriatique, ou la solution attractive, ou le bain de pieds de Goudran, à la jambe seulement, où il n'y avait pas de plaie; tous moyens convenables pour déplacer l'humeur de la goutte fixée sur l'estomac. Les remèdes dont je viens de parler agissent par une douce attraction, ce qu'il était bien important de considérer dans l'état où était l'oncle de M. l'héritier, auquel je dis: On pouvait encore avoir recours, avec sécurité, aux *rubéfians* ci-après, comme l'épithème de poix de *Bourgogne* saupoudré de camphre; on pouvait également se servir de cataplasmes de pulpe de couleuvrée, etc.; mais de tous les remèdes, le plus dangereux dans l'état où se trouvait le malade (v. p. 13), était le vésicatoire, *moyen qu'avait employé le jeune médecin.*

5° De faire poser de suite quinze sangsues à l'anus, ce qui est urgent.

6° Malgré que j'eusse insisté depuis cinq à six jours de remplacer le bouillon de veau par celui de *poulet,* je n'avais pu y parvenir jusqu'à ce jour, 23 octobre.

Après avoir bien examiné et interrogé le malade en présence de M. son neveu, je donnai mes prescriptions (bien mal écrites, puisque je ne pouvais presque avoir ni papier ni plume par la mauvaise humeur de la femme de chambre).

Mon ordonnance faite, je la posai sur la table de la chambre du malade, en recommandant de la faire exécuter; j'entrai dans la chambre de M. *l'héritier*, je lui prouvai l'état grave où était M. son oncle, et l'urgence de faire exécuter de suite ce que je venais de conseiller; mais particulièrement l'application des quinze sangsues à l'anus, et la suppression des vésicatoires, etc., ce que M. *l'héritier* me promit de faire exécuter ponctuellement. *Je demande à M. Charles de Charrin si je ne dis pas la vérité.*

Je restai dans la chambre de M. *Charles de Charrin* près d'une heure, toujours en lui démontrant tous les accidens graves qu'avait occasionés l'imprudence d'avoir fait manger, le matin du 19, à M. son oncle, un potage, du poulet, de la chicorée, des pruneaux, et boire du vin de Bordeaux; tandis qu'à chacune de mes visites, je recommandais la plus grande exactitude sur le régime; M. l'héritier était présent, et il a vu que j'ai toujours insisté sur le régime, d'après les causes de la maladie (voy. pag. 2). Mais mes sages avis n'ont pas été exécutés par malheur pour M. *son oncle* (voy. pag. 11). *Je demande à M. l'héritier s'il oserait soutenir le contraire de ce que j'avance.*

Un moment avant de quitter M. l'héritier, je fis dire à la femme de chambre de me rapporter le vase de nuit; j'examinai avec attention les urines, je les trouvai si mauvaises que je dis à M. *Charles de Charrin:* Je reviendrai sans manquer lundi ou mardi; il me répondit: Vous pouvez ne venir que *mardi*, si vous le jugez convenable. Je repris pour la deuxième fois le vase de *nuit* des mains de la femme de chambre, et *je dis à M. l'héritier: La couleur brune et noirâtre des urines* m'inquiète beaucoup, *attendu* que l'observation prouve que la couleur noirâtre des urines est considérée comme un signe mortel, surtout si la vessie est hors d'état de soupçon; ce qui m'autorise à vous dire, monsieur, que *je ne puis me rassurer* sur l'état de M. votre oncle, qu'en pensant que la couleur des urines n'a pour cause que l'effet de la sonde continuée trop long-temps dans la vessie, ce qui a peut-être déchiré quelques petits vaisseaux du col de cet organe. *La femme de chambre me répondit,* en présence de M. *l'héritier, que c'était aussi l'avis du médecin.* Alors je remis le vase de nuit à la femme de chambre, en lui recommandant bien de me conserver les *urines* du 24 au 25, pour me mettre à même, à ma visite du 25, de bien juger de leur état, parce que la connaissance exacte des urines me servirait particulièrement de boussole pour porter mon jugement. D'après cet examen, je renouvelai à M. l'héritier l'urgence de faire appliquer de suite les quinze sangsues à l'anus; ce qu'il me promit de faire exécuter. Je profitai de cette occasion pour lui témoigner mon regret de voir que, depuis le 16, le *médecin* ne s'était pas trouvé à mon arrivée; ce qui aurait été très utile au malade, ainsi qu'à moi, parce que je lui aurais fait mes observations sur les moyens à employer, et lui m'aurait fait les siennes, surtout sur la sonde que j'avais déjà conseillé de supprimer il y avait plusieurs jours, sauf à la mettre une fois ou deux dans les vingt-quatre heures, dans le cas où les urines ne couleraient pas, ce que je propose encore aujourd'hui, lui dis-je, parce qu'il m'est approchant démontré que la couleur brune des urines n'a pour cause que la présence de la sonde continuée trop long-temps dans la vessie; ainsi les sangsues sont indispensables pour plusieurs causes.

Je terminai ma conversation avec M. Charles Charrin en l'engageant de ne pas manquer de se trouver à ma visite du 25, ce qu'il me promit, ainsi que de faire prévenir le jeune médecin de se trouver le 25, à une heure, auprès de M. son *oncle,* parce que je serais, comme j'ai toujours été, de la plus grande exactitude pour arriver à l'heure indiquée. CE QUE me promit M. l'héritier, *qui n'a lui-même pas tenu sa parole,* puisqu'il était à la promenade le 25, au lieu d'être auprès de M. son *oncle. Je demande à M. Charles Charrin si ce dernier fait que je rapporte n'est pas l'exacte vérité, ainsi que tous ceux contenus dans cette visite.*

HUITIEME ET DERNIÈRE VISITE
du lundi 25 octobre.

J'arrivai le 25 à une heure, comme je l'avais promis le 23 à M. l'héritier, que je demandai même avant d'entrer dans la chambre du malade ; la femme de chambre me répondit qu'il était à la promenade : je fus tout étonné de cette réponse. Et elle ajouta d'*un ton insolent* : Il ne reviendra que fort tard. Je lui répliquai : Eh bien, je l'attendrai jusqu'à son retour. J'envoyai chercher, par le petit domestique, le médecin ; pendant ce temps j'examinai le malade, dont la figure était moins enflammée, la langue plus humide, le pouls très peu élevé, le ventre mollet, le hoquet beaucoup plus faible et très éloigné ; je pouvais même dire qu'il n'existait plus, parce qu'à cette visite je suis resté plus de trois heures, et je ne l'ai entendu que trois ou quatre fois, ce qui me prouvait déjà une très grande amélioration, quoiqu'il fût survenu depuis deux jours des envies de vomir et de légers vomissemens, accompagnés d'aigreurs, qui incommodaient beaucoup le malade, qui me dit : J'attribue ces aigreurs aux acides que vous me faites prendre. Je répondis : Monsieur, je ne vous en ai point conseillé, et si l'on vous en fait prendre, c'est contre ma volonté, comme votre repas du 19 de ce mois, parce que, suivant mon opinion, les alimens et les acides ne peuvent que vous être nuisibles. Puis, je demandai à la femme de chambre de m'apporter les urines ; elle me répondit qu'elle les avait jetées ; tandis qu'à ma visite du 23 je lui avais bien recommandé le contraire, en présence de M. *l'héritier*, auquel je dis : L'urine noirâtre de monsieur votre oncle est un des symptômes les plus *alarmans* qui se présentent aujourd'hui, attendu que j'ignore la cause de cette couleur, et que l'état dans lequel elles seront à ma visite du 25 me servira de boussole pour baser mon jugement sur l'état où je trouverai monsieur votre oncle (voyez pag. 13). *Je demande encore, sur ce fait, à M. l'héritier, s'il pourrait nier ce que je viens d'avancer*, et s'il *prêterait serment* contre ce que j'avance.

En attendant le jeune médecin, et que M. Charles de Charrin fût de retour de sa promenade, je donnai mes prescriptions suivant les indications :

1° Pour absorber les acides, le malade prendra par jour 20 à 30 pastilles de magnésie, tant que les aigreurs *subsisteront*, sans pour cela suspendre, le matin, le verre d'eau magnésienne ;

2° J'insiste encore pour supprimer le bouillon de *veau*, lequel doit être remplacé par celui de *poulet*, qui sera composé comme à ma première visite ;

3° De faire exactement les frictions comme je les avais conseillées à ma visite du 19 ;

4° De continuer encore sept à huit jours la potion antispasmodique que j'avais conseillée à ma visite du 19 octobre ;

5° Les pastilles de *Darcet* peuvent encore être continuées pendant plusieurs jours.

Mon ordonnance faite en attendant M. l'héritier, qui était à la promenade, je chargeai le petit domestique d'aller de suite chez le pharmacien chercher deux onces de *pastilles de magnésie*, que j'avais jugées urgentes et indispensables d'après les aigreurs et les légères envies de vomir que le malade éprouvait. Voyant que le domestique ne revenait pas, je dis à la femme de chambre : Veuillez envoyer bien vite chercher les pastilles ; je fus tout étonné lorsqu'elle me répondit qu'elle ne voulait y envoyer que de l'avis du médecin. Je lui dis : Mais s'il ne vient que demain, il faudra donc attendre, et le malade sera victime de votre impertinence. Elle me répliqua qu'elle ne les enverrait pas chercher ; alors je lui dis : *Vous ne seriez pas aussi arrogante si votre maîtresse existait* (1) ; et vous abusez de l'état où est votre maître

(1) Morte depuis sept mois. Je donnerai dans la cinquième édition de mes *Conseils aux goutteux*, qui est sous presse, tous les détails sur la maladie extraordinaire de *madame de Charrin*, ainsi que tous les moyens employés, tant par M. le docteur *Fouquier* que par *moi*. Cette ob-

pour agir *chez lui en maîtresse*. La discussion avait lieu dans la chambre du malade ; comme je parlais avec force en traitant la femme de chambre comme elle le méritait, le malade lui dit avec un mouvement d'impatience : Envoyez donc chercher ces pastilles. La *soubrette* avait l'air de ne pas entendre ce que venait de lui dire son maître ; je fus forcé de lui dire : Vous êtes donc ici plus que le *maître*, puisque vous n'écoutez pas ce qu'il vient de vous dire ? Alors elle se décida à envoyer chez le pharmacien. Enfin, le petit domestique apporta les pastilles. En attendant que M. l'héritier fût revenu de sa promenade, je fis manger à monsieur son oncle 20 à 30 pastilles ; et, peu de temps avant mon départ, j'eus la satisfaction de m'entendre dire par le malade : Je trouve que mes aigreurs sont moins fortes, et mes envies de vomir moins fréquentes. Je lui dis : Monsieur, vous pouvez prendre, pendant trois ou quatre jours, jusqu'à une demi-once par vingt-quatre heures de ces pastilles.

Pendant toute cette discussion, je crus voir, à l'air embarrassé de la garde-malade et de la femme de chambre, que M. l'*héritier* était caché derrière *la toile* pour faire jouer les marionnettes, ce dont je fus convaincu par sa contenance à son arrivée de sa longue promenade vraie ou feinte ; je lui témoignai mon mécontentement de la manière inconvenante dont la femme de chambre s'était comportée à mon égard ; je ne pus m'empêcher de dire à M. l'*héritier* que j'avais été surpris de ne pas le trouver à mon arrivée, ainsi que le *médecin*, avec d'autant plus de raison, lui dis-je, que je vous avais affirmé, en vous quittant le 23, que j'arriverais le 25 de midi à une heure ; et vous savez que je n'ai jamais manqué de me trouver à l'heure indiquée.

M. Charles de Charrin voudra bien me dire, dans sa réponse, s'il s'est comporté envers moi comme il devait le faire, d'après mon zèle non *équivoque*, pour prolonger l'existence de M. son oncle ? Il ne peut répondre que *non*, parce que les *antécédens*, le *présent*, et peut-être sa conduite future, me prouvera plus positivement son ingratitude et son intelligence avec la femme de chambre et le jeune médecin, etc. *Après avoir témoigné mon mécontentement* à M. l'*héritier*, *je lui rendis* compte de l'état d'amélioration au-delà de mes espérances où je trouvais aujourd'hui M. son oncle, qui était sans fièvre ; que je considérais le hoquet ainsi que les envies de vomir et les vomissemens comme éteints, surtout si on exécutait ponctuellement mes prescriptions.

Ensuite, M. le neveu me dit : J'ai fait poser à mon oncle, le 23, les quinze sangsues à l'anus, comme vous l'aviez conseillé à cette visite ; j'ai fait également de suite enlever les vésicatoires, qui ont été remplacés par des cataplasmes, et toutes vos prescriptions ont été exécutées ponctuellement.

Avant que de partir, je prévins le malade que je ne reviendrais plus, à moins, monsieur, lui dis-je, que dans un temps plus éloigné, vous vouliez me donner la satisfaction *de jouir* du bonheur où mon *zèle*, mon *amitié* et mon attachement pour vous, ont contribué à vous mettre aujourd'hui ; et en nous quittant, nous nous serrâmes la main ; il me dit : *Adieu, mon cher docteur !...* Puis je partis, M. son neveu étant *présent* m'accompagna jusqu'à la porte cochère ; je lui dis : Monsieur, si M. votre oncle se trouvait avoir besoin de mes avis, je suis toujours à sa disposition et à la vôtre. M. l'*héritier* me remercia, en ajoutant qu'il m'écrirait tous les trois ou quatre jours, tant qu'il serait auprès de M. son oncle, et qu'avant son départ il ne manquerait pas de me voir, en ajoutant : Je compte toujours beaucoup sur votre zèle, comme ancien ami et médecin de mon oncle. Je suis encore aujourd'hui, 25 juillet 1832, à attendre la visite de M. Charles de Charrin.

Cependant, M. l'*héritier* m'a écrit trois fois, le 29 octobre, le 9 novembre, et le 15 novembre ; je vais rapporter mot à mot les trois lettres ; elles convaincront de la *fausseté* et de la *capucinade* de M. Charles de Charrin. *Mais avant*, je le prie de me dire s'il oserait soutenir que tous les faits que je viens

servation convaincra, d'une manière non équivoque, combien mon zèle et mon amitié pour M. et madame de Charrin ont été grands, ce que M. Charles de Charrin est bien éloigné d'apprécier, d'après sa conduite à mon égard, *quoiqu'il ait hérité, des deux, de* 40,000 *francs de rente.*

de relater dans mes huit visites, ne sont pas de la plus grande exactitude ; non monsieur ! je n'ai pas cette crainte, *parce que vous ne pouvez nier la vérité...*

Attendu qu'un homme comme vous, d'après votre immense *fortune*, et toutes vos grandes qualités, peut parvenir à être *maire* d'une grande ville, *député*, *préfet* ou *ambassadeur*, et même ministre des *finances*, etc.; je dis donc, monsieur, qu'un homme comme vous ne peut parler d'une manière trop visible contre la vérité. Aussi, sur toutes mes allégations contenues dans ce mémoire, je suis dans la plus grande sécurité, parce que vous n'en pouvez nier aucune. (*Voir au bas de cette page, A moins que..., etc.*)

JE VOUS prie encore, monsieur, de me dire, si je n'ai pas montré dans les huit visites (voy. p. 4, 5 et 6) que j'ai faites à M. votre oncle, le plus grand zèle et le plus grand attachement, ce que je vous ai encore prouvé à la visite que vous m'avez faite le 14 octobre 1830 (voy. pag. 7), en vous proposant pour voir M. votre oncle, les premiers médecins de Paris, M. le *docteur Fouquier* et M. le *docteur Souberbielle* ; ce dernier, le plus habile *lithotomiste* de la *France* et de l'étranger, l'homme qui manie la *sonde* avec le plus de dextérité, ce qui était indispensable à M. votre oncle, attendu sa *rétention d'urine* ; car dans le maniement de la *sonde* il en est comme dans le maniement de l'*épée* ; il faut une grande pratique, parce que celui qui ne s'en est servi que très peu, comme le *jeune médecin* de Saint-..., est bien inférieur à celui qui s'en est servi des *milliers de fois*, comme le docteur *Souberbielle*.

JE DIS DONC que M Souberbielle a également une très grande supériorité sur M. le docteur L..., ami de M. Charles de Charrin, non seulement pour l'opération du *cathétérisme*, mais encore dans l'opération de la lithotomie, car M. Souberbielle passe, malgré M. L..., pour le premier *lithotomiste*. La preuve en existe dans la très grande quantité d'opérations qu'il a faites jusqu'à ce jour, et aucun autre *chirurgien* ne peut porter la quantité des opérés de *la taille* à un nombre aussi *élevé* et avec autant de succès que lui. Je vais rapporter un fait, qui prouve sa haute réputation : Un de nos plus *illustres* chirurgiens de Paris, M. *Antoine Dubois*, ayant la pierre, écrivait à M. *Souberbielle* : « Si ma maladie nécessite le sang, c'est toi, mon ami, qui m'opéreras. » Voilà donc un fait qui prouve incontestablement la supériorité de M. Souberbielle sur M. L..., *ami de M. l'héritier.*

Ainsi, sous tous les rapports, mon zèle et mon attachement prouvent que j'ai employé tous les moyens d'améliorer l'état douloureux du malade, *fait que M. l'héritier ne peut nier,* A MOINS QUE l'état douloureux où il s'est trouvé depuis le 23 décembre 1831, jour de la mort de M. son oncle, n'ait déterminé l'*apoplexie* ou la *léthargie*, maladies qui, le plus souvent, enlèvent à l'organe encéphalique le souvenir, au point que la personne ne se rappelle d'aucun des faits qui ont précédé l'accident ; ce qui donnerait une très grande porte de derrière à M. *l'héritier* pour nier tous les faits qui ne lui conviendraient pas ; mais je me flatte, monsieur, que vous n'êtes pas dans ce cas (*quoique ces deux maladies soient fréquentes aux goutteux*).

Détail exact de la lettre que M. Charles de Charrin m'a écrite le 29 octobre 1830 ; je l'ai divisée en huit phrases, et je réponds en particulier à chacune d'elles, pour mettre plus à portée les lecteurs de juger de l'ingratitude de M. *l'héritier.*

MONSIEUR,

C'est avec plaisir que je viens vous annoncer un mieux bien consolant, survenu dans l'état de la santé de mon oncle. (Deuxième phrase.) *Le soir du jour où vous étiez venu le voir, le médecin, qui le voit chaque instant, me dit qu'il serait bien aise d'avoir l'avis d'un autre médecin qui n'eût pas encore vu mon oncle ; je lui proposai mon ami M. L..., que j'envoyai chercher ; il est venu le même jour (25 oct.).* (Troisième phr.) *Après avoir pris connaissance de la position de mon oncle, des antécédens, etc., etc., il a ordonné le traitement suivant : Cataplasme de belladona sur l'estomac, renouvelé de*

trois en trois heures ; *infusion de* ratanhia, *pris alternativement avec le bouillon de poulet.* (Quatrième phr.) *Le lendemain le hoquet a cessé entièrement;
les urines sont devenues meilleures*, *et maintenant elles sont très naturelles ;
les urines ne coulent qu'avec le secours de la sonde*, *qu'on introduit trois fois
dans les vingt quatre heures ; le malade est calme, repose*, *et se trouve mieux.*
(Cinquième phr.) *La paralysie est la même.* (Sixième phr.) *On placera le
vésicatoire volant au plus tôt* (Septième phr.) *La plaie de la fesse est maintenant, avec le talon, les seules écorchures. On continue encore le traitement
ci-dessus, jusqu'à ce que M. Li.. ait ordonné autre chose ; nous l'attendons
aujourd'hui.* (Huitième phr.) *Je suis bien aise d'avoir quelques choses consolantes à vous dire, j'espère que le mieux s'améliorera.*

J'ai l'honneur de me dire avec la plus haute considération ,

    Monsieur ,

                Votre très humble serviteur ,

                CHARLES DE CHARRIN.

Le 29 octobre 1830.

Réponse à la lettre du 29 octobre 1830, de M. Charles de Charrin, à laquelle
je vais répondre phrase par phrase, ainsi qu'à celles qu'il m'a écrites le 9 et
le 15 nov. 1830 , ce qui mettra plus facilement le lecteur à même de juger
de la ruse, etc., de M. l'*héritier.*

    « MONSIEUR ,

» Je suis fâché, pour ne pas me rendre la justice que je mérite relative-
» ment aux soins et au zèle que j'ai mis, et aux services que j'ai rendus à
» M. votre oncle dans sa maladie , que vous soyez assez faible pour vous
» rendre le *compère* du jeune médecin et de la femme de chambre , etc. Je
» me flatte cependant, *monsieur, que la force de la vérité fera tomber les
» masques*, parce que vous ne pouvez révoquer les faits vrais que je rapporte
» dans ce Mémoire ; ce que je jure devant Dieu ! et que j'offre de renouveler
» devant la justice ! » Je demande à M. l'*héritier* s'il en ferait autant.

La lettre qu'il m'écrivit le 29 octobre prouve, sans réplique, son injustice
et sa fausseté à mon égard, puisque, en quittant M. son oncle ainsi que lui, il
était plus de quatre heures (v. p. 16), et la lettre de madame de Corny, du
28 , en réponse à celle que je lui écrivais le 26. Ces deux faits convaincront
assez visiblement de l'ingratitude et de la fausseté de M. l'héritier.

EXTRAIT DE LA LETTRE que j'ai écrite, le 26 octobre, à madame la comtesse
de Corny, tante de madame de Charrin.

    « MADAME LA COMTESSE ,

» Ayant quitté hier M. de Charrin dans un état aussi satisfaisant que ses
» amis et moi pouvaient le désirer ; étant trop souffrant aujourd'hui , il
» m'est impossible de vous porter moi-même cette bonne nouvelle ; mais,
» madame, pour me dédommager, je vous adresse la présente ; elle vous con-
» vaincra de la vérité de ce que je vous annonce, parce que j'ai prévenu, en
» quittant hier soir M. de Charrin , que je ne viendrais plus le voir, quoi-
» qu'il soit survenu , depuis vingt-quatre heures, des aigreurs et des espèces
» d'envies de vomir sans effet. Ces petits accidens sont en partie disparus, pen-
» dant que j'étais auprès de lui, par l'effet des pastilles de magnésie que je lui
» ai fait prendre ; ce qui me porte à vous affirmer, madame, le bon état de
» M. de Charrin, qui n'a plus la fièvre, et le hoquet peut être considéré comme
» éteint, recommandant de prendre exactement pendant cinq à six jours les
» pastilles de *Darcet* de magnésie, et la potion antispasmodique (v. p. 14). »
Dans cette lettre, je suis entré dans les plus petits détails sur l'état de M. de
Charrin, pour mettre à même madame de Corny de se tranquilliser, d'après
l'amitié qu'elle avait pour *le malade.*
Voici la réponse, mot à mot, de madame de Corny :
    « JE SUIS TOUTE RECONNAISSANTE, monsieur, de la bonté avec laquelle vous

» avez si bien détaillé *l'état de notre cher malade*. C'est si *précis* et si *clair*,
» que la lettre reçue hier soir de Saint-....., où Victorine me parle du
» changement en bien si prononcé, tel que la disparition entière du ho-
» quet, une nuit très calme, et un bien-être si marqué, que le malade
» était gai et content. Je n'ai osé me livrer à toute l'espérance que l'on m'of-
» frait. *Il se peut*, monsieur, que quelques circonstances, dues au *hasard*,
» vous aient donné de *justes* sujets de *plainte*; mais vous devez être sûr du
» *cœur* de M. de *Charrin*, et son *neveu* me semble vous avoir répondu au
» sujet des *pastilles*, d'une manière très convenable.

   » J'ai l'honneur, monsieur, de vous assurer de toute ma considération.

     » Paris, le 28 octobre 1830.   DE CORNY. »

Je demande à M. l'héritier de quelle manière il s'est exprimé pour me
satisfaire *convenablement*, comme le dit madame de Corny dans sa lettre du
28 octobre 1830. Je m'étais flatté, d'après la promesse de M. l'héritier en
me quittant le 25 octobre, qu'il viendrait me faire une visite, qu'il me devait
par beaucoup de raisons, puisqu'il avait renouvelé sa promesse dans ses lettres
des 9 et 15 novembre 1830 ; mais je suis encore à attendre aujourd'hui
25 juillet 1832, l'exécution des promesses de M. Charles de Charrin. Cette
preuve d'indélicatesse de la part de M. l'héritier me prouve évidemment
qu'il était du complot avec le jeune médecin et la femme de chambre, pour
être impertinent à mon égard, ce qui est évidemment prouvé par les faits contenus dans ce Mémoire (v. p. 15, 16, 21 et 22).

JE DEMANDE ENCORE à M. Charles de Charrin les raisons qui l'ont empêché
de venir me témoigner son regret de l'impertinence de la femme de chambre
ainsi que du j. médecin. Et pourquoi n'a-t-il pas répondu aux sept lettres que
je lui ai écrites depuis le 20 novembre, et particulièrement à celle du 22 janvier 1831, que je rapporte en partie à la fin de ce Mémoire. Je me flatte qu'il
voudra bien m'en dire la raison.

La deuxième phrase de votre lettre du 29 octobre, ainsi que toutes celles
qu'elle contenait, sont marquées au coin de l'ingratitude et de la mauvaise
foi, et prouve évidemment votre impolitesse à mon égard, ce que je vais dé-
montrer péremptoirement par tous les faits contenus dans ce Mémoire.

1° Pourquoi avez-vous attendu, pour faire venir M. le consultant (que je
vous avais demandé le 14 et le 23 octobre), le 25 au soir, jour où je vous avais
annoncé, ainsi qu'à M. votre oncle, que je ne reviendrais plus ? (v. p. 15,
16 et 17.) *Sur ce fait, je vous demande une réponse droite, et non tortueuse.*

Je ne puis vous dissimuler, monsieur, que plus je lis cette deuxième phrase
de votre lettre, plus je vous trouve *injuste*, et éloigné de dire la *vérité*, à
mon égard. Il fallait donc que M. le consultant fût caché derrière le rideau
pendant que j'étais auprès de M. votre oncle, que je n'ai quitté le 25 qu'à
quatre heures ! Et vous dites dans votre lettre que le consultant est arrivé le
même jour ; si vous eussiez dit *la même nuit*, je vous demanderais seulement
la cause qui a pu vous déterminer à faire venir le consultant à minuit, puisque
j'avais quitté M. votre oncle qu'il était plus de quatre heures, ce qui me fait
dire, avec *raison*, que vous ne dites pas plus la vérité dans cette deuxième phrase
de votre lettre que dans toutes les autres (1). Votre but était donc de faire valoir
M. votre ami, puis le j. *médecin*, et d'être agréable à l'arrogante femme de
chambre, etc., etc., et en même temps pour vous *dispenser* de me témoigner
votre reconnaissance, des peines que j'avais bien voulu prendre de donner
mes soins zélés à M. votre oncle, politesse que je suis encore à attendre de
vous ; mais, M. l'héritier, votre petite *ruse* ne m'a pas déconcerté, parce
que la *droiture* a toujours le pas sur ceux qui sont, comme vous, armés de dé-
tours (v. p. 32, et la preuve, p. 1ʳᵉ).

(1) **D'après cette lettre, voir les dires de M. l'héritier, pag. 32.

La troisième phrase de votre lettre me force de vous interpeller, ainsi que M. L.... pour que vous affirmiez l'un et l'autre, le jour *qu'il est venu faire sa première visite* à M. votre oncle, ainsi que l'heure à laquelle il est arrivé.

2° *J'interpelle* encore la parole d'honneur de M. le consultant, ainsi que la vôtre, relativement au cataplasme qu'il a conseillé à M. votre oncle, qu'il affirme, le jour et l'heure, qu'on a appliqué le premier cataplasme de belladona et pris la racine de ratanhia.

Ma visite du 25 (v. p. 15 et 16) prouve suffisamment, ainsi que ma lettre adressée à *madame de Corny*, le 26, et sa réponse du 28, que lorsque M. le consultant est arrivé, le hoquet *était éteint*, et que les remèdes que j'avais conseillés les 19, 23 et 25, doivent au moins *avoir l'honneur*, sous tous les *rapports*, sur ceux qu'avait conseillés M. L... huit jours après l'apparition du hoquet ; aussi, suis-je parfaitement convaincu que M. L... n'a pas la prétention de penser et de donner à entendre, comme son ami, M. Charles de Charrin, que sans le miraculeux cataplasme de feuilles de *belladona* (1), et la racine de *ratanhia*, le malade n'existerait plus, comme M. l'héritier veut le donner à entendre à la première phrase de sa lettre.... et si M. le consultant voulait, par une cause *cachée*, être injuste en partageant l'opinion de M. l'héritier, je me trouverais autorisé à dire à M. Li.., qu'il joue *le rôle de la corneille d'Ésope*, *qui se pare des plumes d'autrui*, ce que je suis éloigné de penser de M. L...; j'attends cependant sur cette *conjecture* une réponse affirmative. soit de M. *l'héritier*, soit du *grand médecin*.

Dans les troisième, quatrième, cinquième, sixième et septième phrases, aux mots *bouillon de poulet*, *hoquet*, *urines*, *paralysie*, *vésicatoire volant*, *plaie des fesses* et du *talon*, *séton* ; à chacun de ces mots, j'ai répondu exactement, suivant l'ordre de mes visites.

M. l'héritier, dans sa lettre, dit : Je suis bien aise d'avoir quelques choses consolantes à vous dire, j'espère que ce mieux s'améliorera.

M. l'héritier ne m'a rien appris de nouveau par cette *réponse* à la *huitième phrase de sa lettre*, parce qu'en quittant M. son oncle, le 25 à quatre heures du soir, je lui avais annoncé que M. son oncle n'ayant plus la fièvre, etc., que je ne reviendrais plus (voir pag. 15, 16, 17 et 32). Cette lecture convaincra évidemment de l'ingratitude de M. Charles de Charrin, qui n'a pas seulement eu la politesse de me témoigner la plus légère preuve de reconnaissance de l'intérêt que j'ai montré pendant la maladie de M. son oncle. *J'interpelle* donc M. Charles de Charrin, sur sa parole d'honneur, pour qu'il affirme, par serment, de quels termes il s'est servi, et de quelle manière il s'est exprimé pour me témoigner la plus petite reconnaissance des soins que j'ai donnés à M. son oncle... Dans ses lettres de novembre, il m'avait donné à entendre qu'il viendrait me voir... J'avais toujours considéré qu'il me devait au moins une visite de politesse... que je suis encore à l'attendre, aujour jourd'hui 25 juillet 1832!...

Copie exacte de la lettre que m'a écrite M. Charles de Charrin le 9 novembre 1830, *que j'ai divisée en dix-sept phrases pour être plus à portée de juger.*

Monsieur,

(Première phrase.) *Je n'ai pas répondu de suite à la lettre que vous m'avez fait l'honneur de m'adresser, et par laquelle vous me donnez des détails relatifs à la maladie de mon oncle, parce que j'étais absent.* (Deuxième ph.) *Il m'est impossible, monsieur, de savoir si tel ou tel remède était convenable, et si les moyens employés étaient les meilleurs.* (Troisième phr.) *Je pense que vous avez conseillé ce qui était utile.* (Quatrième phr.) *Que si le malade a éprouvé quelques souffrances et autres accidens, cela tenait à la maladie.* (Cinquième phr.) *Ainsi que la maladie a commencé, elle devait avoir un cours.* (Sixième phr.) *Il ne m'a pas été possible de vous réunir avec M. L...., que j'ai fait appeler à la*

---

(1) Voir mes conseils aux goutteux, troisième édition, page 593.

demande du médecin d'ici ; ce dernier aurait abandonné le malade. (Septième phr.) Je ne pouvais pas le faire conduire à Paris ; il ne voulait pas d'ailleurs y aller, ni ses forces ne lui permettaient pas de faire le voyage. (Huitième phr.) Il a donc fallu, monsieur, réunir les avis d'un médecin consultant avec ceux de celui qui pouvait à chaque instant donner des soins à mon cher malade. (Neuvième phr.) Il paraît que les remèdes ordonnés par M. L...., quoique vous ne les trouviez pas bien convenans, n'ont pas produit l'effet que vous craigniez, car le malade est très bien maintenant. (Dixième phr.) Le hoquet n'a pas reparu ; (Onzième phr.) les urines coulent sans le secours de la sonde ; il existe un mieux frappant. (Douzième phr.) Déjà des vésicatoires volans ont été posés à la jambe et au bras : ces membres sont toujours sans mouvement. (Treizième phr.) Je suis très fâché, monsieur, que vous n'ayez pas été présent lorsque M. L... est venu ; mais je ne pouvais vous y appeler par la raison sus-expliquée. (Quatorzième phr.) Vous aviez indisposé le médecin d'ici en exigeant que les remèdes que vous ordonniez sans l'avoir entendu fussent donnés au malade. (Quinzième phr.) Il avait dit sans doute aux domestiques qu'il cesserait de donner ses soins si on ne suivait pas ses avis et si on administrait des remèdes sans sa participation : c'est ce que j'ai cru deviner, sans qu'on m'en ait parlé ; je vous demande, monsieur, si je pouvais vous appeler, étant dans cette position. (Seizième phr.) Je n'ai point eu l'intention de vous fâcher, j'en suis incapable, je n'ai eu que celle de soulager mon oncle, que M. L... a trouvé bien, il y a deux jours, quand il est venu pour la seconde fois. (Dix-septième phr.) Lorsque j'irai à Paris j'aurai l'honneur de vous voir.

En attendant, j'ai l'honneur d'être, Monsieur,

Votre bien humble serviteur,

Charles de Charrin.

Saint-..., le 9 novembre 1830.

Je suis encore à attendre cette visite, aujourd'hui 31 juillet 1832.

RÉPONSE à la lettre que m'a écrite M. Charles de Charrin, le 9 novembre 1830.

« *Monsieur*, vous me permettrez de vous dire ce que vous savez aussi bien que
» moi, que les raisons que vous me donnez dans votre lettre sont très éloignées
» d'être valables. Elles ont toutes le caractère de la mauvaise foi, de l'ingrati-
» tude, de la calomnie et de l'injustice à mon égard, ce dont vous êtes par-
» faitement convaincu, et qu'en homme d'*honneur* vous ne pouvez nier, puis-
» que tous les faits se sont passés sous vos yeux depuis le 12 octobre jusqu'au
» 25, ce que je vais prouver en répondant *séparément* à chacune des dix-sept
« *phrases* de votre lettre.

Première phrase. — Je n'ai pas répondu de suite à la lettre que vous m'a-
vez fait l'honneur de m'adresser, etc., etc.

Réponse à cette *première phrase.* —Ma lettre du 4 novembre avait pour but
de prouver à M. l'*héritier* les grands avantages que M. son oncle aurait à Tivoli dans le traitement de sa maladie, sur ceux que l'on pouvait employer
à la campagne, et j'ai terminé ma lettre par ces mots : Surtout d'après la rétention d'urine, etc. (Voir pages 7, 15 et 16.)

Deuxième phrase. — Il m'est impossible, monsieur, de savoir si *tel* ou *tel*
remède était convenable, et si les moyens employés étaient les meilleurs, etc.

Réponse à la *deuxième phrase.* — Je n'ai jamais voulu, monsieur, vous
rendre juge des propriétés des remèdes ; mais bien des accidens qui sont survenus à M. votre oncle depuis le 12 octobre, pour n'avoir pas voulu exécuter ce que j'avais conseillé au malade (voir toutes les visites, depuis le 12 octobre jusqu'au 25), *faits que vous ne pouvez réfuter.* Pour vous dispenser de me
répondre *affirmativement*, vous avez jugé plus commode de dire dans votre
lettre : « Il m'est impossible, etc., etc. »

Dans la *troisième phrase*, vous vous exprimez ainsi pour esquiver la vérité : « Je pense que vous avez conseillé ce qui était utile, etc., etc., etc. »

Réponse à la *troisième phrase*. — Vous avez parfaitement raison, monsieur; mais par *malheur* pour M. votre oncle, mes conseils n'ont pas été suivis, vérité que vous ne pouvez *feindre d'ignorer*, surtout depuis ma visite du 12, jusqu'à ma dernière du 25; ce qui m'autorise à vous dire *ce que vous savez aussi bien que moi*, que la non exécution de mes conseils a failli coûter la vie à M. votre oncle, ce qui a au moins déterminé des accidens graves et très douloureux, comme par exemple le repas du 19, qui a été donné contre ma volonté, puisque, à chacune de mes visites, j'insistais particulièrement sur le régime. *Oseriez-vous, M. l'héritier, soutenir le contraire de ce que j'avance?* (V. p. 9 et 13.)

Je crois, monsieur, vous avoir suffisamment prouvé que la troisième phrase de votre lettre est totalement fausse et inconvenante à mon égard, parce que toutes mes visites depuis le 12 obtobre prouvent que vous avez parlé contre votre conscience : *ainsi, votre réponse pour vous justifier et me rendre justice m'est indispensable.* (*A moins que*, voy. pag. 16.)

Dans la *quatrième phrase*, vous dites : « Si le malade a éprouvé quelques souffrances et autres accidens, cela tenait à sa maladie. »

Réponse à la *quatrième phrase*. — Je suis surpris, monsieur, qu'un homme d'honneur comme vous ayiez pu écrire des mots semblables, parce que vous savez positivement que ce que vous dites dans cette quatrième phrase n'est pas vrai, attendu que je vous ai suffisamment prouvé, dans ma visite du 12, ainsi que dans les autres, que tous les accidens qui sont survenus depuis le 9 n'ont eu pour cause que l'entêtement du j. médecin; faits qui sont constatés dans les visites des 9, 12, 16, 19, 23 et 25; et vous ne pouvez soutenir le contraire. *Je réclame encore, monsieur, votre parole d'honneur sur les faits relatés dans ma réponse* à la quatrième phrase de votre lettre.

Dans la *cinquième phrase*, vous dites : « Ainsi que la maladie a commencé, elle devait avoir son cours. »

Réponse à la *cinquième phrase*. — Vous avez parfaitement raison, monsieur, mais vous savez, à n'en pas douter, que le cours de cette maladie a été considérablement aggravé par le mauvais régime, etc., etc., qu'a prescrit le jeune médecin à mon insu et contre ma volonté; oserez-vous dire que tous les faits relatés dans les cinq dernières visites que j'ai rendues à M. votre oncle et en votre présence, ne sont pas de la plus exacte vérité. *Ils ne* vous convaincront pas, M. *l'héritier,* parce que vous savez déjà que tous les orages qui sont survenus depuis le 12 octobre jusqu'au 25 n'ont eu pour cause que l'entêtement qu'a mis le jeune médecin à ne pas vouloir suivre mes sages conseils. Qui en a été dupe? le *malade ;* ce dont vous ne pouvez *disconvenir, sans donner une preuve de mauvaise foi.* (*A moins que*, v. p. 16.)

D'après les détails que contiennent vos trois lettres, et particulièrement celle du 9 novembre, vous me permettrez de vous dire, monsieur, que vous vous rendez l'*avocat* du j. *médecin*, parce qu'un *avocat* a le droit, pour défendre la cause de son client, tant mauvaise soit *elle*, de parler contre la vérité et contre sa conscience, sans pour cela compromettre son honneur (privilége de l'avocat); mais ici, monsieur, je vous *révoque* comme *avocat*, attendu que vous êtes partie intéressée dans cette affaire. Aussi, je vous demande la vérité comme à un homme d'honneur, parce que vous savez, comme un et un font deux, que mes conseils n'ont point été suivis ponctuellement, tant pour les médicamens que pour le régime, etc., etc. Ainsi en m'écrivant, monsieur, vous saviez que vous parliez contre la vérité, puisque tous les faits se sont passés sous vos yeux depuis le 12 octobre; ce que, en homme d'honneur, vous ne pouvez nier, parce que votre honneur *est ma caution.* Ainsi, monsieur, je vous interpelle de dire la vérité comme si vous étiez appelé à prêter serment devant *des juges.*

La *sixième phrase* est ainsi conçue : « Il ne m'a pas été possible de vous réunir avec M. Li.., que j'ai fait appeler à la demande *du médecin d'ici*. Ce dernier aurait abandonné le malade, etc. »

Réponse à la *sixième phrase*. — Je *prie* M. *l'héritier* de me dire pourquoi le jeune médecin a-t-il attendu, pour demander l'avis d'un consultant, le 25 au soir, immédiatement après avoir annoncé que je ne reviendrais plus, attendu que le malade était sans fièvre (voir p. 15, 16 et 18)? Toutes les personnes honnêtes ne verront dans cette action que la mauvaise foi de M. *l'héritier* qui, pour être agréable au jeune médecin et à la femme de chambre, a pensé que par cette ruse il serait dans une position à ne pas être reconnaissant des soins que j'ai donnés à M. son oncle pendant sa maladie. Veuillez *me* répondre sur les *causes* qui ont pu vous déterminer à agir d'une manière aussi peu délicate à mon égard, *aucune* ne sera admissible. (*A moins que*, v. p. 16.)

Je ne puis me dispenser, monsieur, de vous dire ce que je vous ai déjà dit dans les lettres des 9 et 15 novembre, que si le médecin eût cessé de voir M. votre oncle depuis le 9 octobre, la majeure partie des accidens qui sont survenus *au malade* depuis cette époque n'auraient pas eu lieu, comme le prouvent les faits dont vous avez connaissance depuis mes visites des 12, 16, 19, 23 et 25, puisqu'à chacune de mes visites vous avez été présent. Veuillez, M. *l'héritier*, ne *pas vous cacher derrière la toile*, pour ne pas répondre aux faits que je rapporte dans cette sixième phrase. (*A moins que*, v. p. 16.)

A la *septième phrase*, dit M. *l'héritier* : « Je ne pouvais pas le faire conduire à Paris ; il ne voulait pas d'ailleurs y aller, ni ses forces ne lui permettaient pas de faire le voyage. »

Réponse à la *septième phrase*. — Bien mauvaise raison que donne M. *l'héritier*, comme si un garçon qui a 40,000 francs de rente ne peut pas se faire transporter à quatre lieues d'une manière commode, ce qui me fait dire à M. Charles Charrin ce que je lui ai dit plusieurs fois, que le malade n'avat plus ses volontés à lui, attendu que l'organe *encéphalique* était arrivé à un point, que ses prétendues volontés n'avaient plus que l'apparence d'être les siennes, tandis qu'elles n'étaient plus que celles des personnes qui avaient un *intérêt* particulier de le conserver à leur *disposition*, ce qui a été confirmé, et particulièrement à la fin de décembre 1831, ce que M. *l'héritier* ne met pas en doute ; mais il se donnera bien garde de dire la vérité sur ce fait, quoique les causes lui en soient bien connues, parce que son *aveu* ferait trop tomber les masques *des personnes* qu'il a intérêt de ménager.

A la *huitième phrase*, M. *l'héritier* ajoute : « Il a donc fallu, monsieur, réunir l'avis d'un médecin consultant, etc., etc. »

Réponse à la *huitième phrase*. — J'interpelle sur *l'honneur* M. *l'héritier* de me dire pourquoi a-t-il attendu, pour faire venir M. le consultant, le 25 au soir, jour que je lui avais annoncé que je ne reviendrais plus voir M. son oncle, d'après le bon état où il était le 25 à quatre heures (voir page 15, et la lettre de madame de Corny, page 18). Ces faits convaincront de toute la mauvaise foi de *M. Charles de Charrin*. *A moins que*, voy. pag. 16.)

Neuvième phrase. — M. de Charrin dit : Il paraît que les remèdes ordonnés par M. L..., quoique vous ne les trouviez pas bien convenans, etc., etc.

Réponse à la *neuvième phrase*. — Votre neuvième phrase me prouve, monsieur, que vous avez voulu feindre de ne pas comprendre le sens de ma lettre, qui était cependant bien intelligible, attendu que je vous ai prouvé que je pensais que *vous* et M. le *consultant* n'aviez pas la prétention de tout attribuer aux miraculeuses feuilles de *belladona* et à la divine racine de *ratanhia*, qui sont arrivées comme la *moutarde* après dîner, ce que je vais prouver en donnant également la preuve de la supériorité des remèdes que j'ai conseillés à mes visites des 19, 23 et 25, et M. L... n'est arrivé que le 26, au moment où tous les accidens avaient disparu. (Voir page 15.) Sur ce fait, j'interpelle la parole d'honneur de M. *l'héritier* et celle de M. le *consultant*, parce que, s'ils voulaient tout attribuer aux deux plantes, je dirais alors à M. *l'héritier* qu'il doit rendre aux feuilles de *belladona* et à la racine de *ratanhia*, pour avoir prolongé l'existence de M. son oncle de quatorze mois, les mêmes honneurs qu'on a rendus au gaïac, qui a été nommé le Bois Saint. D'après les grandes propriétés qu'on lui a reconnues, on a fait des processions (1), ce qui m'autorise à demander à M. l'*héritier* de m'indiquer le *jour* et l'*heure* où on les commencera. Mais, en attendant, M. Charles de Charrin voudra bien me dire si mes conseils des 16, 19, 23 et 25, ont été suivis ponctuellement, comme il m'avait promis de les faire exécuter. D'après son affirmation, il pourra certainement se dispenser de faire faire les processions, attendu qu'il sera prouvé que les deux *miraculeuses* plantes, conseillées par M. le *consultant*, seront arrivées *aussi à propos* que le *médecin* après la mort du *malade*.

Pour être convaincu de la verité de ce que j'avance, j'engage de lire avec attention les détails que contiennent mes visites des 19, 23 et 25.

D'après cette conviction, je vais prouver l'inutilité des *deux miraculeuses* plantes, et la *supériorité* des remèdes que j'ai conseillés à mes visites du 19, 23 et 25, *même* dans le cas où le consultant aurait jugé indispensables les deux plantes miraculeuses.

1° Le hoquet a paru huit à dix heures après le repas du 19 octobre 1830.

2° M. de Charrin a été frappé d'apoplexie le 30 septembre, immédiatement après avoir déjeûné avec des pommes de terre et pris du thé.

3° L'apoplexie, l'émiphégie, l'atrophie, et l'âge (soixante-dix-neuf ans), et toutes les autres causes que j'ai rapportées à ma première visite du 3 octobre (v. p. 2).

Le 25, le hoquet était *comme éteint*; le malade n'avait plus ni envie de vomir, ni vomissement, ni aigreurs; le tout avait cédé aux remèdes que j'avais conseillés, tant à ma visite du 23 qu'à celle du 25 (v. pag. 15 et 16).

4° Quant au miraculeux cataplasme de belladona, il est bien éloigné d'avoir la supériorité sur l'*épithème thériacal*, arrosé de vingt-quatre en vingt-quatre heures avec vingt-cinq ou trente gouttes de laudanum liquide de Sydenham, ainsi que tous les autres remèdes que j'ai conseillés à ma visite du 23 (v. p. 12 et 13). Surtout d'après l'état goutteux du malade (voy. p. 2).

5° Toutes les causes que je viens de rapporter prouvent donc évidemment la supériorité des remèdes que j'ai conseillés, à mes visites des 19, 23 et 25, sur ceux qu'a prescrits, le 26, *le grand médecin ami de M. Charles de Charrin.*

6° *Parce que l'organe encéphalique* étant considérablement affaissé par l'effet de l'apoplexie, l'âge de soixante-dix-neuf ans, la paralysie et la grande irritation de l'*estomac*, occasionée par le repas du 19 (voir pages 2 et 11).

Tous ces faits convaincront que l'*épithème thériacal*, appliqué comme je l'avais conseillé à ma visite du 23, était plus convenable, d'après l'état du malade, que le cataplasme de belladona, réitéré de trois heures en trois heures, prescrit le 26 par M. le consultant. Je me permets donc de dire que, dans l'état où était M. de Charrin, les deux remèdes conseillés par M. le consultant *étaient contre-indiqués* et même inutiles, par les raisons que je viens de donner. Comme je le prouve à ma visite du 25 (voir p. 15 et 18), je soutiens que l'épithème de thériaque, ainsi que tous les autres moyens que j'ai conseillés à mes visites des 19, 23 et 25, sont ceux, d'après l'état où était le malade, qui seront toujours employés de préférence, et qu'ils ont seuls contribué à apporter une très grande amélioration à l'état du malade. Je demande sur ce point l'avis de tous les médecins les plus distingués.

Dans la *dixième phrase* vous dites : « Le hoquet n'a pas reparu. »

Réponse à la *dixième phrase*. — Pourquoi, monsieur, parlez-vous contre votre conscience? tandis qu'à ma visite du 25, en vous quittant le soir, je vous ai dit, et je l'ai écrit à madame de Corny le 26 : *le malade est sans fièvre*, et tous les *accidens* qui sont survenus depuis le repas du 19, comme

____

(1) Voir mes *Conseils aux goutteux*, p. 352.

le hoquet, etc., touchent à leur fin. (*V.* pages 15 et 18.) Oseriez-vous soutenir le contraire de ce que j'avance dans cette réponse à la dixième phrase de votre lettre du 9 novembre? et cependant, M. l'*héritier*, si vous étiez assez injuste pour vouloir tout attribuer aux deux divines plantes, votre réponse sur ce point me serait indispensable, parce que je suis convaincu que M. le consultant, quoique votre ami, ne partage pas votre opinion *apparente* sur ce fait, parce qu'il est impossible qu'ayant été présent à toutes mes visites depuis le 12, vous ne parliez pas sur ce dernier point contre votre pensée. (*A moins que*, voy. p. 16.)

A la *onzième phrase* vous ajoutez : « Les urines coulent sans le secours de la sonde ; il existe un mieux frappant. »

Réponse à la *onzième phrase* relative aux urines. — Quant aux urines, vous ne pouvez nier que depuis ma visite du 12, je disais qu'il fallait supprimer la sonde, attendu que par son séjour, elle fatiguait considérablement la vessie, comme je vous l'ai prouvé en vous faisant voir les urines le 23 (voir cette visite, page 13), pendant que la femme de chambre tenait le vase de nuit, fait que vous ne pouvez révoquer, et j'ai donné depuis le 12 à toutes mes visites les raisons qui m'autorisaient à conseiller la suppression de la sonde... Mais depuis le 16 il m'a été impossible de voir le jeune médecin pour lui faire entendre raison sur ce point, ne pouvant pas prendre sur moi de retirer la sonde, attendu que je ne voyais le malade que tous les trois jours, raison que j'avais donnée à M. Charles de Charrin, ce qu'il ne peut également révoquer.

J'attends donc, sur ces deux points, la réponse de M. l'*héritier*.

Douzième phrase. — Vous dites : « La paralysie est toujours la même, » et vous ajoutez : « Déjà des vésicatoires volans ont été posés à la jambe et au bras ; les membres sont toujours sans mouvemens. »

Réponse à la *douzième phrase* relative au vésicatoire et au liniment. — « Vous savez, monsieur, qu'à ma visite du 12, APRÈS avoir fait tous les changemens convenables pour porter une très grande amélioration à M. votre oncle, et l'avoir placé dans son lit, je lui dis : « Monsieur, je reviendrai le 16, et pour ranimer un peu le côté paralysé, je vous apporterai, de chez votre ancien pharmacien, rue Neuve-des-Petits-Champs, n° 77, un petit vésicatoire anglais dont vous connaissez les bons effets pour ranimer et porter une douce chaleur, ensuite, on l'enlèvera et on mettra simplement une feuille de poirée sur la petite plaie qui sera guérie dans deux jours au plus, puis on réappliquera le vésicatoire tous les sept à huit jours, en suivant le côté atrophié et paralysé. » Le malade accepta avec plaisir ma proposition.

Le 16 j'ai apporté le vésicatoire, comme je l'avais promis le 12 ; le malade n'attendit pas que je lui en parlasse pour me dire qu'il ne voulait pas de vésicatoire, qu'il était inutile ; je lui dis : « Monsieur, nous perdons un temps précieux en le différant. D'après toutes mes raisons, il dit : « Eh bien ! nous verrons plus tard. » A la manière de répondre du malade, je n'eus pas de peine à voir qu'il en avait été détourné par le jeune médecin. Je demande à M. l'*héritier* si le fait que je rapporte n'est pas de la plus grande exactitude, et si mes conseils ont toujours été suivis.

Je suis surpris que M. Charles de Charrin, dans sa lettre, ne m'ait pas parlé du liniment que j'avais conseillé à M. son oncle, le 23, pour ranimer le côté atrophié et paralysé ; je suis cependant porté à croire qu'on ne l'a pas supprimé (voir la composition, page 10.) M. l'*héritier* voudra bien ne pas oublier de répondre à cette *douzième phrase*.

A la *treizième phrase* vous parlez ainsi : « Je suis très fâché, monsieur, que vous n'ayez pas été présent lorsque M. L... est venu, etc. »

Réponse à la *treizième phrase*. — Vous pouviez vous dispenser, monsieur, d'être fâché de ne pas m'avoir fait trouver avec M. votre ami le consultant, parce qu'en condescendant aux fausses allégations du jeune médecin, vous commettiez un acte, non seulement d'injustice à mon égard, mais encore un acte de la plus grande ingratitude envers *moi*, comme le prouvent tous les faits relatés dans mes visites. Soyez convaincu , **M.** l'*héritier*, que, jusqu'à vos domestiques , ont trouvé mauvais que je ne fusse pas présent à cette première consultation , parce que vous savez , comme *un* et *un* font *deux*, que toutes les raisons que vous donnez pour protéger le jeune médecin et la femme de chambre, aucunes ne sont valables, même à votre *conscience* et à vos *yeux*, parce que , monsieur, vous ne pouvez que *feindre* d'ignorer que les causes qui ont fait craindre au jeune *médecin* de se trouver avec moi, lors de la première visite que M. votre ami a rendue à M. votre oncle, *sont*, 1° de ce que j'ai trop soutenu les intérêts de M. votre oncle à la visite du 12 ; 2° de mon mécontentement du repas du 19; 3° de ce que j'ai fait exécuter à ma visite du 12 (*V*. p. 5, 6 et 12); 4° sur mes sages observations sur le séton , les vésicatoires , la sonde, les plaies du sacrum , etc. ; ajoutez à ces causes, ma réponse à la femme de chambre, lorsqu'elle me *refusa* d'envoyer chercher chez le pharmacien les pastilles de magnésie, remède indispensable à **M.** votre oncle , dans l'état où il était (Voir page 13). J'ai peut-être également déplu à **M.** l'*héritier*, d'avoir osé dire à la femme de chambre : *Si votre maîtresse existait, vous ne seriez pas aussi impertinente.* Voici, monsieur, les causes qui ont fait employer la ruse et la calomnie au jeune médecin et à la femme de chambre , dont je suis convaincu que vous n'étiez pas ignorant.

J'attends donc avec impatience, SUR CE FAIT, *votre réponse, laquelle sera sans détour, je veux dire en homme d'honneur.* (*A moins que*, v. p. 16.)

Quatorzième phrase. — Dans la *quatorzième phrase* de votre lettre, vous vous exprimez ainsi : « Vous avez indisposé le médecin d'ici *en exigeant* que les remèdes que vous ordonniez, sans l'avoir entendu, fussent donnés au malade. »

Vous me permettrez de vous dire, monsieur, que les raisons que vous a données votre protégé, loin d'être valables, sont injurieuses, calomnieuses, et marquées au coin de la mauvaise foi, ce que vous savez aussi bien que moi, puisque , depuis le 12 jusqu'au 25, j'ai donné toutes mes prescriptions dans la chambre de M. votre oncle ; je vous les ai communiquées, puis je les ai laissées sur la table sans y attacher plus d'importance. *Oseriez-vous, M. l'héritier, dire le contraire?* Vous savez encore que j'attendais que le médecin fût arrivé pour conférer avec lui sur les moyens que nous devions employer suivant l'état présent du malade, comme, par exemple, pour la suppression de la sonde, etc., etc. Mais comme il n'est pas revenu depuis le 16 jusqu'au 25, quoiqu'il fût prévenu du jour et de l'heure de mon arrivée ; j'ai eu même la politesse de l'envoyer chercher, à chaque visite depuis le 16 , par le petit *domestique*. Voyant qu'il ne venait pas, après l'avoir attendu plus de deux heures , je donnais mes prescriptions, et ensuite je partais. *Je demande à M. l'héritier s'il osera dire le contraire*, et s'il dira que j'en impose? Non , parce que tous les *domestiques* savent que je dis la vérité, et qu'en homme d'honneur, M. l'héritier, pour protéger ses complices, ne voudrait pas parler trop visiblement contre *la vérité. Aussi, je demande à M. Charles de Charrin sa parole affirmative sur ce fait*, parce que son affirmation prouvera l'impolitesse et la mauvaise foi du jeune médecin , qui a employé toutes les *ruses* pour parvenir à son *but*. Cependant, je ne puis m'empêcher de dire à M. l'héritier que, dans cette circonstance comme dans toutes celles qui ont du rapport avec moi, qu'on lui a fait jouer un bien vilain rôle; et que sa conduite à mon égard est bien éloignée de celle que je devais attendre *de sa part*, surtout d'après l'intérêt que j'ai montré dans la maladie de M. son oncle, ainsi que dans celle de madame sa tante (Je donnerai tous les détails de la maladie de madame dans la cinquième édition de mes *Conseils*). Tous les faits vrais que je rapporte prouvent que M. l'héritier n'a pas agi à mon égard comme il devait le faire, puisque, depuis le 12 jusqu'au 25, il a toujours été présent à mes visites, *fait qu'il ne peut également nier*, ce qui m'autorise à lui dire *qu'il était* d'accord avec le jeune médecin, la femme de chambre, pour être peu poli à mon égard, surtout d'après le zèle que j'ai montré pour soulager

M. votre oncle (voir mes visites des 12, 16, 19, 23 et 25 octobre 1830); ce qui m'autorise de conseiller à M. l'héritier de mettre dans ses actions moins d'*ostentation*, moins de *lésinerie*, et plus de *bonne foi*. (*V.* p. 32.)

Quinzième phrase. — Dans la *quinzième phrase*, vous vous exprimez ainsi : « Il avait dit sans doute aux domestiques qu'il cesserait de donner ses soins si on ne suivait pas ses avis.

Réponse à la quinzième phrase. — *Le jeune médecin* se serait rendu justice s'il eût cessé de voir M. votre oncle depuis le 9 octobre, parce que la majeure partie des *accidens* qui sont survenus depuis cette époque, comme le repas du 19, etc., etc., n'auraient pas eu lieu, ce qui est assez prouvé par les faits relatés par ordre de mes visites.

J'attends la réponse affirmative de M. l'héritier sur ce point, parce que je pense et suis convaincu qu'il n'a pas que le vernis de l'honneur : aussi sa réponse m'est indispensable. (*A moins que*, v. pag. 16.)

Je demande actuellement à M. l'héritier et à toutes les personnes honnêtes, ce qu'elles doivent penser *d'un* médecin qui s'entend avec les *domestiques* tandis que les maîtres sont là? *Le plus vil mépris*, parce qu'un homme honnête ne doit rien faire dans une maison sans en prévenir les maîtres, surtout un *médecin*, qui doit délicatement ne correspondre qu'avec eux, et non avec les domestiques, *tout ce que pourrait faire un mauvais cordonnier de village.* Non seulement le médecin donne une grande preuve d'*indélicatesse*, mais il jette encore une très grande défaveur *sur les maîtres*, parce que, par son *impertinence*, il porte à croire que les maîtres chez lesquels il commet une action semblable sont des *zéros* ou des imbéciles qui se laissent diriger par leurs domestiques.

Je demande à M. Charles de Charrin qu'il affirme par serment les moyens qu'il a employés pour me convaincre qu'il n'était pas d'intelligence avec le jeune médecin, relativement à cette quinzième phrase, etc.

Seizième phrase. — Dans cette *seizième phrase*, vous vous exprimez en ces termes : « Je n'ai point eu l'intention de vous fâcher, j'en suis incapable ; je n'ai eu que celle de soulager mon oncle. »

Réponse à la seizième phrase. — Vous m'avez apparemment pris pour un *niais* qui ne sait pas distinguer une convenance due d'avec une impolitesse non méritée, faits qui ne prouvent de votre part que l'ingratitude et la lésinerie ; ce que vous avez confirmé par un mensonge chez M. le juge de paix (voir p. 1 et 32), et corroboré à l'affirmative depuis le décès de M. votre oncle. Je ne vous en dis pas davantage sur cette seizième phrase, parce que votre injustice, et votre lourde lésinerie est assez connue par tous les faits relatés dans ce Mémoire. Et l'avenir convaincra plus évidemment de votre injustice, dont les causes ne me sont pas cachées, ainsi qu'aux personnes qui vous connaissent bien, lesquelles sont, ainsi que *moi*, convaincues que vous vous êtes servi *de la patte du chat* pour tirer les marrons du feu, espérant parvenir par cette ruse à votre but, fait qui est prouvé dans plusieurs phrases de vos lettres et par votre conduite. (Voir pages 15, 16, 23, 26, 32 et 33.)

Dix-septième phrase. — La dernière de votre lettre du 9 novembre, vous la terminez par ces mots : « Lorsque j'irai à Paris, j'aurai l'honneur de vous voir : en attendant, j'ai celui d'être,

Monsieur, votre bien humble serviteur,

Charles de Charrin. »

Réponse à la dix-septième phrase. — Je suis encore à attendre aujourd'hui, 15 août 1832, *de mon bien humble serviteur*, la visite qu'il m'avait promise en quittant M. son oncle, et dans ses lettres des 9 et 15 novembre 1830.

Je prie donc M. *l'héritier* de vouloir bien me marquer la cause qui l'a empêché de remplir son engagement à mon égard.

Copie exacte de la lettre que m'a écrite M. Charles de Charrin, le 15 novembre 1830.

Je croyais, monsieur, avoir l'honneur de vous voir à Paris, mais je ne le

pourrai de plus d'un mois ; je pars aujourd'hui pour Montcenis. L'état de la santé de mon oncle étant plus rassurant, je profite de ce moment avantageux pour aller voir ma famille, qui doit s'en retourner à Lyon pour y passer l'hiver.

La santé de mon oncle est réellement mieux, car il commence à prendre de petits potages, des fruits cuits et un peu d'échaudés, mais du tout fort peu. Le bras et la jambe paralysés reprennent du mouvement ; les urines coulent seules et très naturellement ; il ne manque plus que la force nécessaire pour faire mouvoir toute la machine, ce qui viendra sans doute lorsque le malade pourra prendre plus de nourriture. (Ce qui avait engagé sans doute le jeune médecin de conseiller le repas du 19 octobre 1830. Voy. p. 10 et 11).

Je n'ai pas voulu m'éloigner d'auprès de mon oncle sans vous en faire part et vous instruire du lieu que je vais habiter quelques momens. Si je ne revenais pas de suite ici en quittant Montcenis, j'aurais l'honneur de vous en écrire.

J'ai l'honneur d'être avec une haute considération,

Monsieur,   Votre bien humble serviteur,

Saint-..., le 15 novembre 1830.   CHARLES DE CHARRIN.

Première phrase de la lettre du 15 novembre que m'a écrite M. Charles de Charrin. — « Je croyais, monsieur, avoir l'honneur, etc., etc. »

Réponse. Monsieur, voyant que je ne recevais point de vos nouvelles et que j'avais été privé de vous voir à Paris, comme vous me l'aviez promis en quittant M. votre oncle le 25, ainsi que par vos lettres des 9 et 15 novembre 1830, après avoir attendu plus de deux mois, je me suis décidé à vous écrire le 22 janvier 1831. (Je me flatte que vous ne nierez pas le fait.) (*A moins que,* voy. p. 16.)

Je vais rapporter seulement trois ou quatre phrases de ma lettre du 22 janvier. « Je suis surpris, monsieur, que, malgré tous les faits relatés dans les lettres que je vous ai adressées les 4 et 10 novembre, vous gardiez le plus grand silence à me témoigner d'une manière satisfaisante vos regrets, soit par vos lettres, soit par une visite, que vous me devez par plusieurs raisons. Cette omission de votre part me porte involontairement à croire que vous vous êtes entendu avec le jeune médecin et la femme de chambre pour être peu poli à mon égard. (*Veuillez, monsieur, ne pas m'en cacher la cause.*)

Dans la *deuxième phrase* de votre même lettre du 15 novembre j'y vois ces mots : « Mon oncle commence à prendre de petits potages, des échaudés, etc., du tout fort peu. »

Réponse. —Par cette *deuxième phrase,* monsieur, vous condamnez le jeune médecin qui avait fait manger le *matin,* vingtième jour après l'apoplexie, 19 octobre, un potage, du poulet, de la chicorée, des pruneaux, et boire du vin de Bordeaux, imprudence qui a aggravé considérablement l'état de votre *bienfaiteur,* puisque le hoquet a paru cinq à six heures après ce repas, ce que vous savez aussi bien, monsieur, que le chemin de *Châlons-sur-Saône* à *Montcenis.* Direz-vous le contraire? *non.* (*A moins que,* voy. pag. 16.)

D'APRÈS LE RÉGIME prescrit par le consultant, je me suis trouvé autorisé, en vous écrivant le 22 janvier 1831, de vous dire que vous étiez convaincu que le jeune médecin exécuterait plus ponctuellement le *régime* prescrit par le consultant, votre ami, que celui que j'avais recommandé à chacune de mes visites, depuis le 3 jusqu'au 25 octobre. *D'après* cette conviction, vous êtes parti dans la plus grande sécurité. Mais cependant, monsieur, s'IL AVAIT plu au jeune médecin de faire célébrer à M. votre oncle l'anniversaire du 19 octobre en lui faisant manger, le 19 novembre, du jambon de *Mayence,* du *saucisson* de Lyon, du *résinet de Bourgogne,* et lui faire boire du vin de Suresne, etc., ces alimens, quoique non convenans, auraient été moins dangereux le cinquantième jour de la maladie, que le poulet, la chicorée, les pruneaux, etc., conseillés par le jeune médecin le 19 octobre, vingtième jour de l'apoplexie.

M. l'*héritier ne peut nier le repas* du 19 octobre, *puisqu'il était présent*. (Je demande sur ce point *son serment* et l'avis des médecins d'après tous les faits, pages 2, 13, 15 et 16.) Voir à cette page la deuxième phrase de la lettre que m'écrivait le malade, le 18 février.

Je termine ma lettre du 22 janvier par ces mots :

« Je touche, monsieur, à mes soixante-dix ans, mais jamais personne ne » s'est permis de me manquer, comme on l'a fait chez M. votre oncle et en » votre présence ; ce qui me porte à penser que le tout a été fait d'après votre » volonté, parce que, malgré toutes mes réclamations pour me prouver que » vous êtes incapable d'actions aussi *basses*, je n'ai pu depuis dix-huit mois » obtenir satisfaction. Ainsi, je vous prie, M. l'héritier, de me prouver que » vous n'étiez pas complice avec la femme de chambre et le médecin pour être » insolent et injuste à mon égard, et vous disculper de mon soupçon. Veuillez » ne me pas faire attendre trop long-temps votre réponse.

» Je suis en attendant, etc., V... »

Voyant que M. l'héritier m'avait oublié, je me suis décidé, le 15 février, à écrire à M. son oncle. Je donne seulement un petit extrait de cette lettre.

« Monsieur le Chevalier,

» En vous quittant le 25 octobre, M. votre neveu me promit qu'il vien- » drait me voir avant que de retourner à Lyon ; il m'a réitéré cette promesse » dans ses lettres des 9 et 15 novembre. Voyant qu'il manquait à sa parole, » je me suis décidé à lui écrire le 22 janvier ; cette lettre a été sans réponse, » ce qui me détermine aujourd'hui de m'adresser directement à vous, » monsieur, pour que vous me rendiez la justice que je réclame. Si je n'a- » vais craint de vous fatiguer la tête, je n'aurais pas attendu aussi long- » temps, etc., etc.

» Je suis, en attendant votre réponse, monsieur, votre serviteur, V.

» *Paris, le* 15 *février* 1831. »

Dans cette lettre je me plains également de la conduite insolente de la femme de chambre et du jeune médecin. (*V.* pag. 15 et 26.)

Voici la réponse de M. de Charrin du 18 fév. ; je vais en rapporter trois ou quatre phrases ; elles convaincront combien l'organe *encéphalique* était altéré.

Première phrase copiée mot à mot. — « Si j'avais le malheur d'avoir des » gens dans ma maison qui fussent capables d'être impertinens envers qui que » ce soit, et surtout envers quelqu'un comme vous, *mon cher docteur, que* » *je considère comme mon ancien ami*, je ferais sur-le-champ justice, et du » fait, et même de l'intention. » (Lire avec attention les pages 15 et 16.)

Réponse. Le malade ne peut ignorer l'impertinence de la femme de chambre à ma visite du 25, relativement aux pastilles. Cette oubli de la part de M. de Charrin me prouve une grande faiblesse dans son cerveau. Mais M. l'héritier voudra bien répondre à l'affirmative, puisque le tout s'est passé sous ses yeux. (*V.* la visite du 25, pag. 15 et 16.) (*A moins que*, v. p. 16).

Deuxième phrase. — « Vous me parlez d'indigestion, je n'ai point eu d'in- » digestion, seulement, après un essai de poulet, de chicorée (*V.* p. 11), on » m'a remis à la diète ; mais cela a été par précaution, car cet essai ne m'avait » aucunement incommodé. » (*Voir* pag. 9 mes observations pour le régime.)

Réponse. Cette phrase prouve sans réplique le triste état du cerveau du malade, ce qui me fait *demander* à M. Charles de Charrin si ce que M. son oncle avance dans cette phrase *est vrai*, parce que, huit heures après ce repas du 19 octobre, le hoquet a paru, ce que M. l'héritier ne peut, en homme d'honneur, nier, pas plus qu'aucune personne de sa maison. (*V. les visites des* 19, 23 *et* 25.) (*A moins que*, voy. pag. 16.)

M. de Charrin, en terminant sa lettre du 18 février, s'exprime ainsi :

« Quant à vos *visites*, je sais que mon *neveu* y a satisfait ; *ainsi demeurons-* » *en là*. Je ne demande à mes amis que deux choses dans l'état où je suis, » c'est *oubli et paix*, sans cesser de les aimer toujours, ce dont, mon cher

» docteur, je vous prie d'être en votre particulier bien assuré. DE CHARRIN. »

Réponse. M. de Charrin prouve encore par cette phrase le mauvais état de sa tête ; et si je ne connaissais la pureté de son âme, je dirais qu'il joue le rôle du sourd qui n'entend que ce qui lui convient. Mais l'organe encéphalique était dans un si grand état d'affaissement, que dans cette circonstance il n'y a que ses conseils de coupable, ce que je *prouverai.*

APRÈS AVOIR attendu depuis le 18 février jusqu'au 27 août, voyant que je ne recevais pour mes *honoraires* ni réponse du neveu, ni de l'oncle, LE 27 AOUT JE ME SUIS DÉCIDÉ d'écrire une seconde lettre au malade.

« MONSIEUR LE CHEVALIER,

» Ne voulant pas me rendre importun, pour ne pas vous fatiguer la tête,
» et désirant également vous donner le temps de prendre tous les renseigne-
» mens convenables, tant auprès de M. votre neveu, qu'auprès d'autres per-
» sonnes, pour vous mettre à même de me rendre la justice que je réclame
» depuis neuf mois, et que je mérite avec d'autant plus de raison, que j'ai la
» prétention de croire que vous me *la devez* comme une preuve de votre recon-
» naissance à l'égard d'un homme qui a rendu en tout temps, *tant à madame*
» *votre épouse qu'à vous,* des services qui ne peuvent être payés par de l'argent,
» mais bien par de la reconnaissance, sans cependant, *monsieur,* avoir
» l'intention de *renoncer,* et de vous faire *grâce* de ce que vous restez me
» *devoir, malgré le dire de M. votre neveu,* qui me devait au moins une
» visite d'honnêteté, d'après tous les *soins* et les *peines* que j'ai eus pour
» contribuer à améliorer votre état, et à entendre prononcer de ma *bouche*
» et par *écrit,* que j'avais lieu d'être satisfait de *vous* et de M. votre *neveu,*
» tant pour mes *honoraires* que pour les bons procédés (ce dont je suis très
» éloigné de prononcer, aujourd'hui 25 août 1832).

» Je me flatte cependant, monsieur, qu'incessamment vous voudrez bien me
» mettre à même de recevoir la déclaration ci-dessus, pour vous éviter le dés-
» agrément de recevoir mes lettres, et à *moi,* la peine de vous écrire.

» Je suis, en attendant, monsieur, votre, etc., V. Paris, le 27 août 1831. »

M. de Charrin ne m'ayant pas répondu à cette lettre, je lui ai écrit le 20 septembre.

« MONSIEUR LE CHEVALIER,

» Votre silence à répondre à ma lettre du 27 août me prouve que vous
» n'avez nullement le désir de me satisfaire, tant sur les procédés d'*honné-*
» *teté* que vous me devez, que sur mes *honoraires* dont je ne vous laisse pas
» libre de *fixer le prix,* attendu que je n'accorde cette dernière faveur qu'à
» mes amis qui le sont, non de nom, mais bien de fait. »

Je termine ma lettre par ces mots : « Je vous prie, monsieur, de me
» répondre ou de me faire répondre avant huit à dix jours, ayant seulement
» la précaution de signer la lettre.

» Je suis, en attendant, monsieur, etc., V. Paris, le 20 septembre 1831. »

Cette lettre a été également sans réponse, ce qui m'a déterminé à lui écrire le 6 octobre une troisième lettre ; je vais seulement rapporter deux ou trois phrases.

« MONSIEUR LE CHEVALIER,

» Votre réticence à répondre ou à me faire répondre à mes lettres des 27
» août et 20 septembre, me force de vous en écrire une troisième, aujour-
» d'hui 6 octobre, et me force également d'enfreindre la dernière partie
» de votre lettre du 18 février, attendu qu'elle ne me concerne nullement,
» ce qui est prouvé par tous les faits relatés dans mes lettres.

» Je devais donc espérer, monsieur, d'après mes pressantes lettres, d'après
» mes justes plaintes, que vous auriez bien pu prendre la peine *de faire passer*
» *chez moi* M votre *neveu* ou toute autre personne, pour me demander ce
» que vous pouviez rester me devoir ; comme vous ne l'avez pas jugé conve-
» nable, depuis dix mois que je réclame, je me borne à 800 fr. pour les

» huit visites, j'en ai reçu 200 (le jour du repas, 19 octobre), reste à 600 fr.,
» parce que, monsieur, vous n'êtes pas de ces hommes qui ne font les choses
» bien et convenables que par *ostentation*, et lorsque la trompette peut
» l'annoncer au lointain.

» Je suis malade comme vous, monsieur, par conséquent je veux terminer
» cette petite affaire, ce qui m'autorise à vous prier de *me faire* ou de me
» faire *faire* une prompte réponse.

» Je suis, en attendant, monsieur, etc., V. Paris, le 6 octobre 1831. »

» *P. S.* Vous pouvez charger un de vos cinq conseils de me répondre. »

M. de Charrin m'a renvoyé ma lettre du 6 octobre, et cependant il m'a
fait une réponse le 8, dont je vais rapporter seulement une phrase qui prouve
visiblement l'altération de son cerveau.

La *deuxième phrase* de sa lettre du 8 octobre est ainsi conçue : « Dans
» l'état où je suis, je ne peux plus rien lire sans que le sang se *porte à la tête*,
» situation la plus dangereuse pour moi ; de mes deux mains, *la gauche* est
» décidément *paralysée*, et *la droite*, depuis trois semaines m'est devenue
» *sans usage possible*, à cause de la goutte qui y est survenue, ce qui m'a
» mis les doigts *gros comme des étuis*.» (*V.* la ruse de M. son neveu, p. 32.)

Réponse à cette *deuxième phrase.* — Depuis ma lettre écrite du 15 février
adressée à M. *de Charrin oncle, pour réclamer mes honoraires*, il me sem-
blait qu'il aurait dû s'empresser d'écrire à M. son neveu pour lui demander
la cause qui l'avait empêché de répondre à mes lettres et de me rendre une
visite comme il me l'avait promis le 25 octobre et les 9 et 15 novembre 1830;
IL ME SEMBLE que M. de Charrin oncle aurait dû charger M. son neveu ou
toute autre personne de me voir ou de m'écrire pour s'expliquer avec moi
sur mes *prétentions* ; mais M. *l'héritier* a trouvé *bien* plus commode de
ne pas m'écrire, parce qu'en m'écrivant il ne pouvait faire différemment
que de me rendre la justice que je réclamais; et en faisant venir chez moi
une personne de sa part, il aurait fallu lui dire la vérité, ce qui aurait prouvé
l'*injustice* et la *lésinerie* de M. *l'héritier.* Voilà donc les causes qui l'ont
empêché de m'écrire et de me rendre une *visite.* Aussi voyant que mes
lettres étaient sans réponse, je me suis décidé, après avoir attendu huit
mois, *d'écrire* à M. de Charrin oncle, qui se plaint de ce que je réclame
ce qu'il me doit. Si M. de Charrin, qui n'a point d'enfans et qui laisse à
M. Charles de Charrin, son neveu, plus de 40,000 fr. de rente, *ne paye*
pas les visites de celui qui a prolongé son existence, qui sont donc ceux qui
doivent payer, surtout dans la position dans laquelle je suis aujourd'hui avec
M. Charles de Charrin ?

Lettre du 8 octobre, du secrétaire intime.

Le 8 octobre, je reçois une lettre d'une personne que j'ai considérée comme
le secrétaire intime du malade, dont voici seulement une phrase. « Je vous
prie d'écrire au neveu de M. de Charrin qui est actuellement à Montcenis,
près Châlons-sur-Sâone, attendu que l'oncle est trop malade, *signé*, etc. »

S..., le 8 octobre 1831.

Réponse à la lettre du 8 octobre 1831 de M. le secrétaire intime.

« N'ayant point la volonté de m'adresser de nouveau au neveu, puisque
depuis le 15 novembre 1830, malgré toutes les lettres que je lui ai écrites et
celles que j'ai adressées à M. son oncle, qui les lui a certainement communiquées, je n'ai pu recevoir de réponse; AINSI je vous préviens que si dans sept
à huit jours je ne suis pas payé de M. de Charrin, je me trouverai forcé de le
faire citer devant le juge de paix, attendu que depuis près d'un an je
réclame en vain, tant auprès du *neveu* qu'auprès de l'*oncle*, ils sont tous les
deux sourds lorsqu'il s'agit d'argent, ne voulant nullement entrer en corres-
pondance avec M. l'*héritier,* à moins qu'il ne vienne chez moi pour s'expliquer, attendu qu'il n'a pas été plus honnête à mon égard que la majeure
partie des personnes qui entouraient M. son oncle, en octobre 1830.

» Si vous le jugez convenable dans les intérêts du malade, vous pouvez écrire au neveu, pour éviter des frais, et me marquer leurs intentions à mon égard, je vous répondrai de suite. J'ai l'honneur, etc., V. Paris, le 8 octob. 1831.»

Le 12 octobre je reçois une seconde lettre du secrétaire intime ; je vais seulement en rapporter deux ou trois phrases.

« Monsieur, premièrement, je vous préviens que je n'ai aucun pouvoir pour gérer les affaires de M. de Charrin ; mais tout ce que je puis vous dire, c'est que M. de Charrin *doit venir voir son oncle* dans les premiers jours de *novembre*, alors arrangez-vous avec *lui*, ou si vous le préférez, avec son homme d'*affaires ;* car pour monsieur, je puis vous assurer qu'il est totalement hors d'état de correspondre avec vous. »

Réponse. — D'après cette lettre, je me suis adressé à l'homme d'affaires ; comme le secrétaire intime n'avait mis ni le *nom*, ni la demeure, j'ai adressé le 14, une lettre au secrétaire, à l'hôtel de M. de Charrin oncle, pour être remise à son homme d'affaires, ce qui a été exécuté.

« Monsieur, je viens d'apprendre que vous étiez chargé des affaires de M. de Charrin ; comme sa tête ne lui permet plus de s'en occuper, et que je ne veux pas faire cadeau à M. son neveu de ce que M. son oncle reste me devoir, et que la réticence du malade, à refuser de me payer ce qu'il me doit, n'est que l'effet de ses *conseils* et non de son cœur, attendu que sa tête est, à peu de chose près, désorganisée ; car si elle était dans le même état qu'elle a toujours été jusqu'au 29 septembre 1830, je n'aurais jamais eu de discussion avec lui pour mes honoraires. Mais il n'en est pas de même avec M. l'héritier, qui n'a qu'une seule porte pour se dispenser de me payer. (V. p. 16).

Je vais rapporter seulement un extrait de ma lettre qui prouvera encore la mauvaise volonté et l'indélicatesse de M. l'*héritier* à mon égard, puisqu'il avait tout pouvoir de régir les biens de M. son oncle ; attendu que la détérioration de son cerveau ne lui permettait plus de s'en occuper depuis son attaque d'apoplexie, 1er octobre 1830 ; aussi, je trouve la conduite de M. l'*héritier* grandement coupable de n'avoir pas répondu directement à mes lettres, mais particulièrement à celle du 22 janvier, et de ne m'avoir pas écrit immédiatement après ma lettre de plaintes que j'avais adressée à M. son oncle le 15 février..., fait dont il a eu ample connaissance, *et qu'il ne peut nier*, pas plus que la citation que j'ai fait donner, où il a voulu employer la ruse pour se libérer envers moi, ce que je prouve (pages 1 et 32).

» Pour vous mettre au courant de mes justes réclamations, monsieur, veuillez vous faire communiquer toutes les lettres que j'ai écrites, tant à M. de Charrin oncle qu'à M. son neveu. Elles vous serviront de boussole pour vous mettre à même de bien juger de l'ingratitude du *neveu ;* pour *l'oncle*, il ne fait plus, depuis un an, que ce que l'on a intérêt de lui faire faire. Je suis, en attendant l'honneur de votre réponse, qui m'évitera certainement le désagrément de faire citer M. de Charrin devant M. le juge de paix.

» Je suis en attendant, votre serviteur, V.   Paris, le 14 octobre 1831. »

Cette lettre a été sans réponse de la part de l'homme d'affaires ; mais le secrétaire intime m'a écrit le 17 octobre ; je vais rapporter mot à mot sa lettre, elle convaincra combien j'ai employé de moyens pour me faire rendre *justice*, et pour m'éviter d'avoir recours à *elle ;* on sera donc surpris de voir qu'un homme qui veut paraître aussi grand que M. Charles de Charrin *soit aussi petit*. Chaque page de ce mémoire le prouve. (*A moins que*, v. p. 16.)

Le 17 octobre 1831. — « Monsieur, j'ai remis votre lettre à l'homme d'affaires de M. de Charrin, qui m'a dit qu'il ne pouvait vous écrire avant que d'avoir vu *M. de Charrin neveu*, vu que c'est lui qui a la régie des affaires de M. son oncle, et qu'il ne lui dise ses intentions à votre égard. Je pense, monsieur, que vous voudrez bien attendre *trois semaines ;* ainsi j'espère, monsieur, que cette lettre sera la dernière.

» Je vous salue.   Saint-..., le 17 octobre 1831. »

D'après cette lettre, j'ai attendu patiemment jusqu'au 8 novembre ; voyant que je ne recevais de réponse ni de l'oncle, ni du neveu, qui était auprès de son oncle depuis huit à dix jours, pas plus que de l'homme d'*affaires*, et d'après la terminaison de la lettre du 17 octobre, du *secrétaire intime*, après avoir écrit plus de vingt cinq lettres à tous ces messieurs, je me suis enfin décidé, pour en finir, de faire citer devant M. le juge de paix M. de Charrin. M. son neveu a paru à l'audience, où il a employé toutes les ruses pour prouver à M. le juge de paix, en présence de M. Dupuis, notaire, et de plusieurs autres personnes, que ma réclamation avait le caractère de la mauvaise foi. Je vais rapporter *mot à mot*, le dire de M. l'*héritier*, comme me l'a marqué mon huissier. « *M. Charles de Charrin*, étant avec M. Dupuis, no-
» taire, a dit à l'audience, que vous n'étiez pas venu à S..., rendre des
» visites comme *médecin* (voir p. 1) à M. son oncle, mais bien comme *ami*,
» que par conséquent *il ne vous était pas dû tout ce que vous demandiez.*
» Enfin qu'une somme de cent francs, à ajouter à deux cents que vous aviez
» déjà reçus, *devait être plus que suffisante.* D'après cette petite discussion,
» M. l'*héritier* a demandé de renvoyer la cause à huitaine, ce qui lui a été
» accordé. » (V. p. 30.)

Voici les termes de la lettre de mon huissier, du 9 novembre 1831 :

« MONSIEUR, je viens vous prévenir que votre affaire contre M. de Charrin
» a été remise à huitaine, pour les *parties* comparaître *en personne.* Ainsi,
» monsieur, veuillez, je vous prie, vous trouver mardi prochain, 15 du cou-
» rant, onze heures précises du matin.»

» J'ai l'honneur d'être, monsieur, votre serv.   PARISET, *huissier.* »

« Saint-..., le 9 novembre 1831. »

Réponse à cette lettre du 9 novembre.—«*Monsieur*, la conduite de M. Char-
» les de Charrin est marquée au coin de la mauvaise foi, etc., parce qu'il sait
» qu'il est impossible que M. son oncle puisse se transporter à l'audience, *et je*
» *suis* surpris qu'un homme comme vous, qui avez une si grande *perspicacité*,
» *l'œil si clairvoyant*, et une *intelligence* aussi vive, n'ayez pas voulu voir la
» *lourde ruse* de M. Ch. de Charrin, parce que vous savez que de jour en jour on
» attend la mort de l'oncle que j'ai jugée prochaine, d'après la lettre qu'il m'a
» écrite le 8 octobre. Cette *ruse* me prouve que les *cinq conseils* du malade
» ont combiné avec M. l'*héritier* (qui a été le *compère*), de me faire faire huit
» lieues inutilement, et pour s'*amuser* à mes dépens; voilà une preuve non équi-
» voque DE LA POLITESSE à mon égard, de l'homme qui va hériter de 40,000 fr.
» de rente de son oncle. Cependant, si M. *de Charrin oncle* m'écrit qu'il se
» rendra à l'audience le 15, quoique je sois bien malade, puisque depuis plus
» de trois mois je ne sors pas de mon appartement, je me rendrai le 15, à
» onze heures, à Saint-.... Je vous préviens donc que je ne m'y rendrai même
» pas, si M. son neveu a une procuration, attendu qu'il me doit une visite
» depuis le 25 octobre 1830, *fait qu'il ne peut nier. (A moins que*, v. p. 16.)

» Ainsi, attendons patiemment jusqu'au 15, puisque M. l'héritier a de-
» mandé que la cause soit renvoyée pour comparaître en personne.

» J'ai l'honneur de vous saluer, V.   Paris, le 10 novembre 1831. »

« *P. S. CEPENDANT, MM. de Charrin* doivent savoir mieux que *personne*
» ce que l'on dit ordinairement des hommes qui exercent un état honorable,
» *que le prêtre vit de l'autel.* Il est vrai que dans l'un la *trompette* porte aux
» quatre points *cardinaux l'action, et que* pour le *médecin* la juste réclama-
» tion est enfouie dans l'oubli, parce que M. l'*héritier* pense que pour moi, le
» son de ma petite *trompette* sera absorbé par le *son éclatant* de la grosse,
» qui est mue, plus par l'*ostentation* que par le *cœur*, comme il est prouvé
» par toutes les actions de M. l'héritier à mon égard; ce que la personne la
» plus *idiote* est à même de juger par tous les faits contenus dans ce *Mémoire.*»

Comme je l'avais prévu, M. de Charrin oncle n'est pas venu à l'audience. M. son neveu y a comparu en offrant, à mon huissier, 102 fr., avec
les 200 fr., qui formaient 302 fr. *D'après cette non-comparution de l'oncle,*

J'ai attendu, espérant voir M. l'*héritier* venir chez moi, comme me l'avait marqué le 17 octobre le secrétaire intime, et au lieu de le voir arriver, j'ai vu un huissier le 25 novembre, qui m'a remis la copie dont je rapporte seulement une phrase : « L'an mil huit cent trente et un, le 25 *novembre*, à » la requête de M. Mathieu de Charrin, ancien colonel de cavalerie, etc., » offre à M. Villette, la somme de 102 fr., etc. » J'ai refusé, et ai écrit *le* » 26 *novembre*, à M. Charles de Charrin, la lettre suivante :

« Monsieur, d'après la lettre que j'avais écrite à M. Dupuis, notaire, » le 22 de ce mois, qu'il vous a certainement communiquée, vous pouviez » vous dispenser de me faire parvenir le 25, par huissier, le petit billet doux, » fait au nom de M. votre oncle, auquel vous faites jouer un bien *vilain* » *rôle*, parce qu'il n'a plus sa *tête à lui*, et qu'il n'a pas plus connaissance de » votre élégante comparution devant M. le juge de paix, que s'il n'existait » pas, et si M. votre oncle en avait connaissance, vous seriez triplement » répréhensible, parce qu'il a fortement la goutte aux mains (ce que j'ai » appris de lui, par sa lettre du 8 octobre 1831), et que la moindre contra- » riété pourrait lui faire porter l'humeur sur le cerveau, et le faire périr » d'apoplexie; cause qui m'avait déterminé à ma première visite de lui faire » faire un séton à la nuque, qu'il devait porter toute sa vie, comme je vous » l'avais fait observer, à ma visite du 12, parce que j'étais déjà convaincu de » la grande faiblesse de l'organe encéphalique, etc. (Voir *la lettre* pag. 30).

» M. l'héritier, comme vous vous êtes permis de dire à l'audience que » j'avais été voir M. votre oncle sans avoir été demandé, et non comme mé- » decin, mais bien comme *ami;* comme je tiens autant à ma *réputation* que vous » à votre *argent*, et je pense que vous ne voulez pas me comparer à ces petits » chirurgiens de village, ce qui serait encore aussi ridicule de votre part que » si vous vouliez comparer M. votre « *oncle, ancien colonel de cavalerie ,* » à » un jeune *conscrit.*

» Ainsi, monsieur, comme je ne suis pas dans le cas de recevoir, ni de vous, » ni de M. votre oncle, de cadeaux, je vous répète la phrase que j'ai écrite » le 22 à M. Dupuis, notaire, et à mon huissier; je vous la rapporte mot à mot.

« Je vous déclare, monsieur, que si M. Charles de Charrin prouve 1° que » je n'ai pas été demandé pour aller voir M. son oncle, dangereusement » malade, je renonce à ce qu'il me doit (*V.* p. 1); 2° si M. l'*héritier* prouve que » mes huit visites, faites à M. son oncle, n'ont pas été utiles, et impérieusement » nécessitées par les accidens nouveaux qui se sont succédé dans l'intervalle de » chacune d'elles, je renonce à mes honoraires; 3° s'il prouve que mes conseils à » chacune de mes visites n'ont pas été avantageux au malade, je renonce égale- » ment à ce qu'il me doit; 4° si M. l'*héritier* prouve que je n'ai pas montré à cha- » cune de mes visites le plus grand zèle pour contribuer à améliorer l'état de » M. son oncle, je renonce également à ce que me doit la succession (Voir » les visites depuis le 12 octobre, pages 4 à 16; 5° je demande que M. l'*hé-* » *ritier* affirme, si à chacune de mes visites je n'ai pas insisté particulièrement » sur le régime, en prévenant que la non exécution pourrait devenir funeste » à M. son oncle (*V.* p. 9); 6° si à chacune de mes visites je n'ai pas con- » stamment prévenu du jour et de l'heure ou j'arriverais (ce que le plus im- » moral ne peut nier, *à moins que,* voy. pag. 16).

» Ainsi, si M. Charles de Charrin, par son *éloquence*, prouve le contraire » de ce que j'avance dans les 1°, 2°, 3°, 4°, 5°, 6°, ci-dessus, je renonce à ce » que me doit M. son oncle, et je lui remettrai les 200 fr. que j'ai touchés le » 19 octobre, jour du fameux repas.

» Mais sans cette preuve, M. l'*héritier* me paiera mes 600 fr., et tous » les frais faits jusqu'à ce jour, et pour lui bien donner le temps de prendre » tous les renseignemens convenables, j'accorde un mois, et après cette épo· » que, je continuerai mes poursuites, jusqu'à ce que justice me soit rendue.

» Veuillez, M. l'*héritier*, être convaincu que j'ai pour habitude de ne ré- » clamer que ce qui m'est bien légitimement dû, quoique vous ayez fait vos

» efforts à l'audience de M. le juge de paix pour prouver que ma demande
» avait le caractère de la mauvaise foi ; je suis, en attendant que vous le prou-
» viez, M. l'*héritier*, votre servt. V.   Paris, le 26 novembre 1831. »
Cette lettre est restée sans réponse.

En conséquence, j'ai écrit à M. Pariset, mon huissier, le 26 décembre, une lettre dont je vais rapporter seulement deux ou trois phrases.

« Monsieur, comme M. Charles de Charrin a gardé le silence à la lettre que
» je lui ai écrite le 26 novembre 1831, et que le mois que je lui avais accordé est expiré, époque où il devait prouver que mes huit visites, faites à M. son oncle, n'avaient été que l'effet de ma politesse, et pouvaient même être considérées comme des visites inutiles ; ainsi, monsieur, je veux poursuivre M. de Charrin, voulant prouver au *tribunal* et aux personnes *honnêtes*, au *doigt* et à l'*œil*, d'une manière non équivoque, combien la conduite de M. Ch. de Charrin est injuste à mon égard. (*A moins que*, voy. pag. 16).

» Ainsi, monsieur, veuillez renvoyer de suite toutes mes pièces à mon huissier, à Paris, , qui vous paiera, ayant la précaution d'exprimer dans votre rapport le dire de M. Charles de Charrin à l'audience de M. le juge de paix ; tous ces détails me sont indispensables, pour faire mon mémoire, et pour prouver la ruse qu'a employée, et qu'emploie à mon égard M. l'*héritier*.

» Je compte sur votre exactitude, comme sur votre capacité, pour exécuter la volonté de votre serviteur, V.   Paris, le 26 décembre 1831. »

M. de Charrin était mort le 23 décembre, et ma lettre à mon huissier, M. Pariset, était du 26. Malgré sa réputation de très actif, etc.. il n'a pas eu l'attention de m'en prévenir, je n'ai appris ce décès que le 10 février, par une personne qui avait acheté du vin de la cave de M. de Charrin ; quant aux meubles, me dit-il, M. son neveu les a fait emballer pour les envoyer à Mont-Cenis. D'après la certitude de la mort de l'oncle, j'ai écrit à M. l'*héritier* Ch. de Charrin, le 12 février 1832 ; je vais rapporter plusieurs phrases de ma lettre.

« Monsieur, je viens d'apprendre que M. votre oncle était décédé le 23 décembre, c'est-à-dire trente-cinq jours après l'époque où vous vouliez le faire aller à l'audience de M. le juge de paix. Ce dernier trait de votre part prouve assez toute votre influence sur la *tête désorganisée* du *moribond* ; ce qui m'autorise à vous demander votre *serment*, pour affirmer que M. votre oncle avait la *volonté* et le *pouvoir* d'aller le 15 novembre à l'audience de M. le juge de paix, comme vous l'avez demandé le 8. (Voyez page 32).

» Veuillez vous rappeler, monsieur, ce que j'ai eu l'honneur de vous écrire le 26 novembre, ainsi qu'à M. Dupuis, notaire, et à mon huissier, le 22. Dans ces trois lettres, j'ai déclaré que si vous prouviez que j'ai été chez M. votre oncle sans avoir été demandé, et que mes huit visites n'ont pas été utiles, que je *renonçais* à ce que me doit la succession, et que je vous remettrais en outre les 200 fr. *Je crois, monsieur, que je vous écris du positif.*

» Je me flatte cependant, monsieur, que vous vous rendrez justice, parce que vous avez toute votre *tête* à vous, et que vos volontés ne sont pas soumises aux autres (*A moins que*, voy. pag. 16) ; tandis que celles de M. votre oncle n'avaient plus que la volonté ou les volontés des personnes qui l'entouraient. (Ce que vous avez confirmé, en voulant le faire aller à l'*audience*.)

» Ainsi, votre serviteur attend votre réponse, qui lui servira de boussole, parce qu'il est convaincu que vous n'avez pas hérité *seulement* que de la fortune de M. votre oncle, mais bien encore de toutes ses bonnes qualités, de son *âme*, tant que sa *tête* n'a été dirigée que par son *cœur*, et non par des *conseils* intéressés. J'ai l'honneur, etc. V.   Paris, 12 février 1832. »

P. S. Cette lettre a été également sans réponse.

Voyant qu'après toutes mes lettres écrites à M. l'*héritier*, auquel j'avais accordé seulement un *mois*, et qu'il y en avait huit d'écoulés, pour qu'il prouvât que ce qu'il avait avancé à l'audience de M. le juge de paix le 15 novembre 1831 était vrai, et d'après la lettre que je lui avais écrite le 26 novembre 1831 (*V.* p. 32 et 33) ;

Pour **mettre** tous les bons procédés de mon côté, je me suis décidé, le 21 juin dernier, d'écrire à MM. les juges de paix des pays où M. l'*héritier* a de très grandes propriétés, à *Mont-Cenis*, *Saône-et-Loire* ; à M. le juge de paix du canton de *Rouarde*, près Saint-Chamont, *Loire* ; à M. le juge de paix de Saint-Étienne, *Loire*. Je n'ai reçu de réponse que de M. le juge de paix de *Mont-Cenis*, ce qui m'a prouvé que ces messieurs avaient communiqué mes lettres à M. l'*héritier* qui a trouvé plus convenable de jouer le rôle du *Sourd*. Cependant je lui ai encore écrit le 3 août la lettre ci-après :

« **Monsieur**,

» Comme vous n'avez pu prouver dans huit mois que les faits que j'ai relatés dans la lettre que je vous écrivis le 26 novembre 1831 étaient faux, vous devez donc en homme *d'honneur*, si vous êtes juste, me payer mes 600 fr., et en outre tous les frais faits jusqu'à ce jour, y compris ceux de l'impression du mémoire relatif à la maladie de M. votre oncle, sans pour cela oublier vos procédés polis à mon égard, ainsi que ceux du jeune médecin et de la femme de chambre, etc., etc.

» J'attends votre réponse pour faire paraître ce petit mémoire de trente-six pages d'impression, qui est dès aujourd'hui à la disposition, monsieur, de votre serviteur. V. »   Paris, le 3 août 1832.

Ayant jugé qu'il était temps de *cesser* d'employer tous les bons procédés pour un homme qui ne savait pas les apprécier, je me suis décidé, pour me faire rendre justice par l'opinion **publique**, d'exposer tous les faits tels qu'ils se sont passés, tant à l'audience de M. le juge de paix, etc., etc. (*V*.p. 32), et depuis le 12 octobre 1830 jusqu'à ce jour 25 août 1832 (*V*. p. 4 jusqu'à 26). En attendant que M. l'*héritier* prouve que mes exposés dans ce Mémoire sont faux, et que les *médecins* amis de leurs *cliens* n'ont pas le droit de se faire payer (*V*. p. 32) ; système aussi ridicule que toutes les actions de M. l'héritier à mon égard. (*A moins que*, voy. pag. 16.)

Je crois donc avoir suffisamment prouvé mon zèle et mon attachement pour l'oncle de M. l'*héritier* par tous les faits relatés dans ce Mémoire, dont aucun ne peut être réfuté par M. Charles de Charrin, (*à moins que*, v. p. 16), auquel je déclare que je suis fâché d'être forcé de lui dire que toutes ses actions à mon égard sont marquées au coin de l'*ingratitude*, etc., etc. (Voir p. 5, 7, 15, 32 et 33.)   Paris, le 25 août 1832.

Tous les exemplaires seront signés de ma main.

TABLE DES FAITS LES PLUS REMARQUABLES
DANS CE MÉMOIRE.

M. Charles de Charrin s'est fermé, page 34, la porte de derrière qu'il avait p. 16. — M. l'*héritier* peut être *maire*, *député*, *préfet*, *ambassadeur*, et même ministre des *finances* ; voy. p. 16. — *Lettre* qui prouve que M. Charles de Charrin en a imposé à l'audience de M. le juge de paix ; voyez pag. 1, 32 et 33. — *Gravité de la maladie* de l'Oncle ; voy. pag. 2 et 3. — *Premiers* moyens employés ; voyez pag. 3 et 4. — *Preuves* non équivoques de mon zèle, vu les complications graves de la maladie ; voyez pag., 4, 5, 6, 7, 8 et 16. — *Bon état* du malade au-delà de mes espérances ; voyez pag., 8 et 9. — *Accidens graves* survenus huit heures après le repas du 19 octobre 1830, conseillé à mon insu, par le jeune médecin ; voyez pag. 9 et 10. — *Conseil* que j'ai donné en présence de M. l'héritier le 19 octobre, à la *cuisinière*, en lui recommandant lorsqu'on la chargerait de faire de la cuisine pour son *maître*, de la faire si mauvaise qu'elle soit *immangeable* ; voyez p. 11 et 12. — *Hoquet*, *urine noirâtre*, et plusieurs autres symptômes très alarmans ; voyez pag. 12, 13 et 15. — *Procédés peu polis* de M. l'*héritier*, de la femme de *chambre*, ainsi que du jeune *médecin* ; voyez p. 14, 15, 16, 22 et 25. — *Preuve que* M. l'*héritier* s'est servi de la patte du *chat*; voyez page 26. — *Lettre qui prouve* la *ruse* de M. l'héritier, en déclarant que M. son oncle se rendrait à l'audience de M. le juge de paix, le 15 novembre 1831; voyez pag. 30 et 32. — *Ce que l'on doit* penser d'un médecin qui s'entend avec les domestiques, et dont le *langage* est marqué au coin de la *fausseté; voyez* pag. 25 et 26. — *Extrait de mes quatre lettres* écrites à M. de *Charrin* oncle, sous les dates du 15 février 1831, 27 août, 20 septembre et 6 octobre, voyez pag. 28, 29 et 30. — Voir la réponse de *M. de Charrin oncle,* à ma lettre du 15 février, voyez pag. 28. — Ma lettre du 27 août a été sans réponse, ce qui m'a autorisé à lui en écrire une troisième le 20 septembre, également sans réponse. Ce qui m'a décidé, le 6 octobre, d'en écrire une quatrième, à laquelle enfin il a répondu. Je rapporte seulement trois ou quatre phrases de sa lettre, voyez pag. 30. — PREUVE QUE M. l'héritier avait le droit de régir tous les biens de M. son Oncle, voyez pag. 31. — Ce qui prouve également, que M. l'héritier avait connaissance de toutes les lettres que j'écrivais à M. son oncle, ainsi qu'au secrétaire intime et à l'homme d'affaires; voyez pag. 31 et 32. — M. L'HÉRI-TIER veut faire jouer à M. le docteur L... son ami le rôle de la *corneille* d'*Ésope*, voyez pag. 19. — *Lettre que j'ai écrite* à madame la comtesse de Corny, le 26 octobre; sa réponse confirme dans mon âme, l'opinion que je dois avoir de M. *l'héritier,* voyez p. 17, 18, 19, 20, 23, 24, 30 et 32. — *Voir les trois lettres que j'ai écrite* au secrétaire intime de M. de Charrin oncle, ainsi que les deux à M. l'homme d'affaires, voyez pag. 30, 31 et 34. — *Délai que j'ai accordé* à M. l'héritier, dans la lettre que je lui écrivais le 26 novembre 1831, voyez pag. 33. — *Ruse qu'emploie* M. *l'héritier* pour être injuste à mon égard, voyez pag. 20 et 32. — *Enfin,* d'après toutes les mauvaises chicanes de M. *l'héritier,* je me suis décidé le 8 novembre 1831, après avoir écrit plus de vingt-cinq lettres, de faire citer M. Charrin devant M. le juge de paix. Voir les *astucieux* moyens qu'a employés M. l'héritier, voy. p. 32. — M. *Charles de Charrin* se rend l'avocat du jeune *médecin,* mais il est *révoqué;* voy. p. 21. — *Je demande* à M. l'héritier s'il prêterait serment, v. p. 11, 14, 17, 19, 21, 22, 26, 28 et 34. — *Conduite* de la *garde-malade,* d'après les ordres de la femme de chambre, voyez pag. 9 et 10. — *Je conseille* à M. *l'héritier* de mettre dans ses actions moins d'ostentation et plus de bonne foi, voyez p. 17, 26 et 32. — M. *l'héritier,* après les faits qu'il rapporte dans sa lettre du 9 novembre 1830, doit, s'ils sont vrais, faire faire des processions pour les miraculeuses plantes de *belladona* et de *rathania.* voyez pag. 19 et 25. — *Ridicules raisons* que donne M. *l'héritier* pour ne pas faire transporter M. son oncle à Tivoli, voyez pag. 22. — *Je demande à l'infirmatif à M. l'héritier,* pourquoi il a attendu jusqu'au 25 au soir pour faire la consultation, surut d'après les faits, voyez pag. 7, 15, 16 et 18. — INGRATITUDE de M. *l'héritier* à mon égard, d'après tout mon zèle pour améliorer l'état de M. son oncle, voyez pag. 5, 7, 15 et 32. — *Dire ridicule* de M. *l'héritier,* qui prétend qu'un malade ne doit pas payer son médecin lorsqu'ils sont amis, voyez pag. 32. — FAITS QUI prouvent sans réplique la supériorité de M. *Souberbeille,* sur M. L... ami de M. Charles de Charrin, fait confirmé par le *baron Antoine Dubois,* voyez pag. 16. — *La ruse* qu'a employée M. l'héritier pour me faire aller à l'audience de M. le juge de paix de S... le 15 novembre 1831, *laquelle ruse a été* déjouée d'après la lettre que m'écrivait M. son oncle, le 8 octobre 1831, *trente-six jours avant la mort de l'oncle,* voy. p. 30 et 32. — *Je prie M. l'héritier* de me dire s'il me traite comme un des anciens amis et médecin de madame de Charrin et de M. son oncle, voyez pag. 15, 28, 29 et 32. — *Moyens ridicules* qu'a fait valoir M. l'héritier à l'audience, pour se dispenser de me payer, voyez pag. 1 et 32. — IL Y A UN FAIT qui peut sans scrupule ouvrir une porte de derrière à M. l'héritier, pour le dispenser de me payer; voir la fin de la page 16; voir, page 34, ma lettre écrite M. l'héritier, relativement à la mort de M. son oncle, voir page 35; la lettre que je lui écrivais le 5 août. — VOIR CE QUE demande M. de Charrin oncle à ses anciens amis, voy. pag. 28. — *Lettre que j'écrivais* le 10 nov. 1831 à mon huissier, relativement à la petite *ruse de M. l'héritier,* qui est marquée au coin de la mauvaise *foi,* voyez pag. 32. — Pour bien juger M. *Charles de Charrin,* lire seulement les pag. 28, 31 et 33, elles serviront de boussole. — *Le prêtre* vit de *l'autel.* voyez page 32. — M. Charles de Charrin traite avec plus d'égard le premier *venu* (voy. page 11.) que l'ancien ami et médecin de M. son oncle (voy. p. 5, 30 et 32).

Maison VILLETTE, grande avenue des Champs-Élysées, n° 30.

Imprimerie de LACHEVARDIERE, rue du Colombier, n° 30, à Paris.